김 성 모

일러두기

· 김성모 작가님의 생생한 목소리를 담기 위해 일부 비속어와 맞춤법에 어긋나는 표현을 그대로 살렸으니, 이에 독자분들의 너른 양해 바랍니다.

· 잡지와 영화는 〈 〉로, 단행본과 연재 작품은 『 』로, 단편 작품은 「 」로 표기하였습니다.

· 이 책에 담긴 그림과 사진은 모두 김성모 작가님과 김성모 만화스튜디오(카르만)에서 제공받았습니다.

CONTENTS

프롤로그
『근성론』을 출간하며…   7

만화가의 근성

처절한 과거는 만화가의 밑거름이다   13

만화계의 선후배 관계는 특별하다   79

팬과 독자는 누구나 소중하다   95

후배 만화가들이여, 한 방을 노려라   109

리더의 근성

올바른 리더가 팀을 성공으로 이끈다 141

남자의 근성

세월은 슬픔이자 위로이다 175
아버지라는 이름은 인간을 더욱더 강하게 한다 197
성공한 인생을 살려거든 돈의 집착에서 깨어나라 213
진정한 남자를 이야기한다 223

KIM SUNG MO
SPIRIT

프롤로그

『근성론』을 출간하며…

생각해보면 내 인생은 드라마틱했다. 국민학교(초등학교) 4학년 때 부모님의 이혼을 경험해야 했고, 곧이어 닥친 엄마 없는 설움과 극도의 빈곤함은 어린 시절 도저히 치유할 수 없을 정도의 콤플렉스를 나에게 선사했다. 그 미쳐버릴 것 같은 절망과 좌절, 고통은 갓 성인이 되어서도 이어졌다. 항상 움츠러드는 삶, 언제나 거절당하는 삶.

그래서 나는 어렸을 때부터 불행, 절망, 좌절을 안고 사는 사람들을 좋아했다. 그들의 눈에는 나와 같은 슬픔이 있고 눈물이 있기 때문이다.

아침에 눈을 뜨면 심연 밑바닥에서 진하게 올라오는 '오늘도 거친 하루가 시작되겠구나'라는 예감은 늘 틀리지 않았다. 나는 이 사회의 제일 밑바닥에서 뒹굴었고, 절대로 나와 다른 행복한 사람들의 반열에 끼지 못할 것만 같았다.

그런데 그런 순간들마다 언제부터인가 가슴 밑바닥에서 날 것같이 고개를 쳐드는 조그마한 감정이 있었다. 그리고 그 감정은 어느새 내 모든 것을 휘어잡고 장악하게 되었다.

그것은 바로, '근성(根性)'이었다.

몸이 부서지고 찢어지고 빠개져도 버티는 힘. 오기와 독기와는 다른 진정한 정당성으로 내 몸과 정신을 올곧게 만들어 치고 올라가는 힘. 나는 어느 순간 근성의 정의를 단 한 가지로 결정했고, 내 가슴속 깊이 박았다.

"어차피 인간은 모두 죽는다. 그렇다면, 어떻게 죽더라도 내 인생에 승부를 한 번은 보아야 할 것이 아닌가? 죽기 전에 절대 흔들리지 않는 정신으로, 세상을 향해 도전해보자!"

그런 마음을 먹으면서 내 인생은 달라졌다.

짓밟힐 때마다 더 크게 소리쳤다.

"얼마든지 밟아라. 나는 절대 죽지 않는다!"

피눈물 흘리면서 내가 정한 가치와 목표를 위해 뛰고 또 뛰었다. 그러자 어느 순간 신기한 일이 벌어졌다. 내가 원했던 대부분의 소망이 이루어졌거나 긍정적으로 바뀌어 간 것이다.

나는 이 『근성론』이라는 책에 담은 내 경험을 통해 독자 제위께 알려드리고 싶다. 근성은 대단하거나 특별한 위엄이 있는 것이 아니다. 그저 하루하루 자신이 정한 가치와 목표를 위해 버티어 나가는 것이다. 그러다 보면 언젠가는 목표에 도달할 수 있다. 나는 그렇게 믿었고, 그렇게 원하는 바를 이루어왔다.

모쪼록 '근성'에 관한 내 생각을 적어놓은 이 글들을 보며, 독자 제위들께서 한 줌의 위안과 영감이라도 받기를 바란다.

2022. 4. 18.

김성모

KIM SUNG MO

SPIRIT

김성모의 근성론

> 몸이 하고 싶지 않은 걸 하고,
> 마음이 하고 싶은 걸 하지 않는 것.
> **그것이 근성이다!**

KIM SUNG MO

S P I R I T

처절한 과거는
만화가의 밑거름이다

삼 남매를 홀로 키우셨던 아버지는 내가 국민학교(초등학교) 3, 4학년 때쯤 만화방을 운영하셨다. 그때 나는 만화를 처음 접했다. 내가 국민학교 6학년 때 이현세 선생님의 『공포의 외인구단』이 세상에 나왔다. 정상적인 생활을 할 수 없는, 이미 인생이 끝난 것과 다름없는 밑바닥 사람들이 '외인구단'에 합류하며 새로운 인생을 살게 되고, 그들이 프로

야구 최고가 되어가는 과정이 담긴 명작이다. 그 당시 얼마나 많은 사람에게 희망을 주었던지…. 어린 마음에도 『공포의 외인구단』의 이야기는 뜨거운 감동을 주었다.

그 이야기는 내 삶과도 닮아 있었다. 그때, 나는 가난에 찌들어 있었다. 학교에 도시락도 못 싸고 다녀서 매일 점심 때 물만 먹었고, 주위 사람들한테 무시당하고 살았다. 비참한 생활을 겪고 있는 상황에서 내 삶과 닮은 이처럼 멋진 이야기를 만화로 접하게 되니, 가슴에 파도처럼 와닿았던 것이다. 그리고 나는 결심했다.

'그래, 세상에 가장 중요한 것은 희망이다.
나도 이 세상에 희망을 주는 만화가가 되어야겠다!'

그렇게 확실한 결심을 마음속에 새겼다. 그때부터 이현세 선생님 만화를 습자지에 그리면서 만화가를 향한 꿈을 키우기 시작했다.

옛날 만화책에는 문하생을 모집하는 광고가 삽지로 들어가 있었다. 중학교 때는 그 모집 광고를 보고 화실에 직접 전화를 걸었다. 그러나 받아줄 리가 없었다.

"야, 중학생밖에 안 된 놈이 무슨 문하생이 되려고 하냐. 나중에 고등학교나 졸업하면 와."

만화계에 입문하는 것부터가 도전이었다.

마침내 화실에 들어갈 수 있게 되었을 때, 나는 책상 앞에 '만화계 일인자'라는 목표를 글로 써 붙이고 일했다. 곧 미친놈이라는 선배들의 비아냥거림과 구박을 들어야 했지만, 그만큼 만화계에 입문한 처음부터 내 근성은 남달랐다.

이현세 선생님 화실 B팀의 배경맨이 되었을 때는 천하가 곧 내 앞에 다가올 거라는 생각에 기뻤다. 그래 봤자 뒤처리로 10만 원에서 40만 원 벌게 된 것일 뿐이었지만, 그 기쁨은 말로 다 표현할 수 없었다.

하지만 현실은 차갑게 피부를 때렸다. 당시 사귀는 여자 친구가 미래가 안 보이는 나를 차려 한다는 것을 알게 되었다. 나는 대작가의 팀원이 되었다고 으스대며 헤어지려는 여자 친구를 잡으려고 했지만, 소용이 없었다. 바로 차였다. 대기업 자동차 회사에 다니고 당시 고성능 승용차였던 엘란트라를 타고 다니는 경쟁자에게 빼앗긴 것이다.

슬픔에 빠져 허우적대고 있는데, 동창회가 있다는 소식을 들었다. 친구들 만나 기분 풀어야겠다는 생각에 동창회를 나갔다. 그러나 나는 또 한 번 좌절했다. 재벌 2세, 국회의원 아들, 명동 큰손 아들, 경찰 고위직 아들 등 그러고 보니 친구들이 다들 너무 대단한 녀석들이었던 걸 그제야 깨달았다. 학교 다닐 때는 학생이라는 신분에 가려 각자의 신분이 드러나지 않았는데, 졸업한 후 사회에 나와 보니 그 신분은 너무나 크게 다가왔다. 나는 도망치듯 동창회 장소를 빠져나와야 했다.

나는 내 처지와 너무나 다른 세상 앞에 주눅이 들었고, 오히려 더 큰 내상을 입고 말았다. 하지만 비관만 할 수는 없었다. 내가 할 수 있는 일을 해야겠다고 생각했다. 반드시 타고난 신분을 뛰어넘어 보겠노라고 다짐했다. 그리고 나는 어느 삼류 작가의 화실에 문하생으로 들어갔다. 그때가 1992년이었다.

나는 먼저 데생을 제대로 배워야겠기에, 그림을 배울 수 있다면 어디든 가야 했다. 막상 들어가 보니 문하생은 나 혼자였다. 그래서 데생만 하는 것이 아니라 터치, 배경, 뒤처리 등 온갖 것을 다 해내야 했다.

그 작은 화실은 천호동 시장 근처에 있었다. 그때 천호동 시장을 떠올리면, 생각나는 장면이 하나 있다. 아침마다 벌어졌던 특별 행사(?)의 모습이다. 화실이 있던 건물 2층에서 내려다보면 바로 밑에 노점상이 보였는데, 덩치가 우람한 아줌마가 그 노점에서 장사를 했다. 매일 아침이면 술 먹고 와서는 술값 달라고 술주정하는 멸치 같은 남편을 그 아줌마는 개 패듯이 팼다. 나는 매일 아침 펼쳐지는 그런 광경을 건물 2층에서 내려다봤다. 그때 처음 알았다. 남자보다 힘세고 깡패처럼 사람 잘 패는 여자가 존재한다는 것을. 난 그 아저씨가 너무 불쌍해서 은근슬쩍 소주 한 병값을 옆에 놔두고 간 적도 있었다. 그러다 인사 정도 나누는 사이가 되었다.

작가 선생님은 좋은 분이셨다. 하지만 술을 너무 좋아하셨고, 그것보다 돈이 없다는 것이 가장 큰 문제였다. 나는 그 천호동 시장에 있는 건물 2층에서 라면 2개와 국수 다발 한 움큼으로 일주일을 버티는 생활을 반복해야 했다. 그렇게 살다 보니 몸무게가 58kg까지 빠졌다.

지금 생각하면 너무나 부끄러운 기억도 있다. 그때 대략 50여 번의 소개팅을 했는데, 그녀들을 만나면 어김없이 갈비탕을 먹자고 졸랐다. 후딱 먹고 아직 그녀들 앞에 남은 갈비탕을 애달프게 쳐다봤다. 나는 고기가 성하게 붙은 갈비를 다 빼앗아 먹었다. 그리고 그녀들이 식사비를 지불했다. 부끄러운 이야기지만, 그때는 그만큼 정말 배가 고팠던 시절이었다. 비참함을 안고 화실로 돌아와 어둠 속에서 하염없이 울었던 그 밤들을 기억한다. 당연히 모두에게 차였지만, 내 인생의 50여 끼니를 선사해준 그녀들에게 감사하고 미안할 뿐이다.

버티고 버티다 영양실조가 온 것이 느껴질 정도가 되었다. 좁은 화실 의자에 앉아 있으면 주변이 빙글빙글 돌았다. 그럴 때면 항상, 옥상에 올라가 바람이라도 쐬었다. 3층 옥상에 올라가 밝은 곳에서 햇볕이라도 받아야 기운을 차릴 수 있었다. 그렇게 옥상에서 쭈그려 앉아 하늘을 보고 있으면 눈물부터 쏟아졌다.

그때, 앞으로 다가올 나의 미래가 너무나도 두려웠다. 도망치고 싶었고, 내 인생의 패배자가 될 것이라는 공포에 지독한 절망과 좌절을 겪었다. 그런데 나는 그때, 그 좌절과 고통 속에서도 뜨거운 무언가가 가슴 깊은 곳에서 꿈틀거리는 것을 느꼈다. 그 망가진 상황에서도 본능적으로 올라오는 진짜 생 날것 같은 오기였다. 누가 봐도 처절한 청춘이었지만, 청춘 시절에 겪은 그 고통으로 오뉴월 서릿발 같은 결의를 다질 수 있었다.

그때 겪은 고통스러운 경험은 내 만화의 모든 주인공을 절망, 좌절, 고독에 철저히 찌든 인물들로 실감 나게 묘사할 수 있게 해주었다. 나는 그런 사람들이 좋았다.

나는 결국 견디지 못하고 화실을 뛰쳐나왔다. 아들이 삐쩍 마른 몰골로 집에 돌아오자, 아버지는 아무 말 없이 돼지고기를 잔뜩 사 와 저녁에 제육볶음을 해 먹자고 여동생에게 얘기했다. 아버지는 채식주의자였다.

만화계에 입문한 후 처음에 겪은 이런 처절한 경험들은 내게 커다란 깨달음을 안겨주었다. 참혹한 현실을 이겨내기 위해서는 어떠한 고통도 이겨내겠다는 강한 가치관이 필요하다는 걸 알았다. 강인함을 안겨줄 그 힘이 바로 '근성'이라는 걸 깨달았다.

그 후 나는 달라졌다. 오히려 고독을 즐겼고, 하루 15시간 이상 만화에만 빠져 살았다. 성공하기 전에는 절대로 연애와 술은 금하겠다고 다짐했다. 머리와 심장에 항상 '근성'을 각인하며, 이를 악물고 버텼다.

나를 잘 알지 못하는 사람들은 놀라겠지만, 나는 사실 스물일곱 살 때까지 술을 딱 한 잔도 마시기 싫어했다. 나는 제정신인 상태에서 사람들과 대화 나누고 싶었다. 술을 잘 마시게 된 건 히트작을 내고부터다. 사실 어쩔 수 없이 술을 입에 대야 했다. 한번은 출판사가 주최한 전국 총판 모임에서 80여 명이 주는 술을 한 잔씩을 받아먹다가 기절한 적이 있다. 그때 술에 졌다는 치욕감(?)에 술을 배워야겠다고 생각했다. 매일 한 잔씩 억지로 먹으며 내공을 쌓았고, 점차 술이 늘게 된 것이다. 그러다 보니 한때는 만화가 아닌 술로 천하 제패를 하기도 했었다. 진짜 지금 생각하면 한심하고 부질없는 짓이었지만, 그땐 그래야 했다.

담배는 어렵게 살 때부터 유일한 낙이었다. 하지만 그때 나에게는 담배 한 개비를 사는 것도 사치였다. 시장 골목길에 누군가 피우다 버린 담배꽁초를 주워 와 필터를 가위로 잘라 새로 말아 피웠다. 그야말로 배고픔에 피눈물 나는 시절이었다.

나는 더 나은 환경에서 일하고 싶었다. 그래서 고행석 선생님의 B팀 문하생으로 들어가려고 당시 화실이 있는 화곡동에 찾아갔다. 무작정 찾아간 터라 쫓겨나도 어쩔 수 없다고 생각했는데, 선생님은 그래도 들어오라고 하셨다. 가만히 보니 누군가와 상의하고 계셨는데, 스토리를 어떻게 짤지 고민 중인 것으로 보였다.

나는 만화가가 되기 위해서는 그림만 중요한 게 아니라고 생각한다. 스토리를 잘 펼쳐내는 것도 중요하다. 그러려면, 지식이 있어야 하고 사회를 보는 관점도 다양하게 배워야 한다. 그래서 책을 많이 읽었고 다양한 관점의 이야기를 많이 들었다. 책은 중학교 때부터 많이 읽었다. 모파상의 소설들이나 『군주론』도 중학교 때 모두 읽었다.

고행석 선생님의 고민은 내게 기회라고 생각했다. 그래서 내가 한번 써보겠노라고 용기를 내어 선생님께 말씀드렸다. 그랬더니 선생님은 한번 써보라고 기회를 주셨다. 한 권 분량을 써서 가져다드렸는데, '이거다!'라고 만족스러워하셨다. 그렇게 고행석 선생님의 이름으로 제작되는 만화 중 한 타이틀을 만들 수 있게 되었다. 마침내 겨우 작가가 되는 길로 접어들 수 있게 된 것이다.

작가로 데뷔하는 것은 쉽지 않았다. 신인이라는 것은 끊임없는 도전의 다른 이름이다. 잡지나 신문에 연재하려고 수십 번 도전했었다. 당시 신인에게 만화 연재는 안정적인 삶을 주는 바탕이 되어주었기 때문에 도전하지 않을 수 없었다. 하지만 쉽게 될 리가 없었다. 나는 내 스토리나 그림에 아무도 관심 가져주지 않는다는 패배감에 찌들어 버렸다. 그때, 무참히 짓밟히는 경험을 수없이 했다. 쉽게 되리라고 기대하진 않았다. 그리고 여러 번 차이다 보니 익숙해졌다. 하지만 그렇게 차이고 돌아설 때마다 나를 불쌍하고 한심하게 보는 시선은 지금도 잊을 수 없을 만큼 가슴 아픈 일이었다.

  돈이 없었기 때문에 잡지사를 나온 나의 주머니에는 항상 딱 다시 돌아갈 차비만 있었다. 나는 매번 그 차비를 나를 위로할 만찬과 바꾸었다. 잔인하게 출판사에서 난도질당한 나에게, 참을 수 없는 좌절감에 빠진 나에게 길가 노점에서 파는 어묵꼬치와 국물만이 위로가 되어줄 뿐이었다. 나는 항상 한참을 망설여야 했다. 차비로 써야 할 돈을 써버리면, 집에 돌아가는 게 막막해져 버리는 걸 알았기 때문이다. 하지만 결국 어묵과 국물로 위로 삼는 걸 선택했다.

든든히 배를 채우면 힘이 났다. 그러고는 안양에 있는 집까지 무작정 걸었다. 대개 잡지사나 신문사는 서울에 있었으므로, 30km가 넘는 거리를 걸어야 했다. 찜통더위에는 땀으로, 비가 오면 빗물로, 눈이 내리면 눈으로, 얼굴을 들어 눈물을 감췄다.

비참한 경험을 마주할 때 남자가 할 수 있는 선택은 딱 두 가지밖에 없다.

'굴복이냐, 도발이냐!'

나는 도발을 선택했다.
가슴속에서 올라오는 불길에 투혼을 실어 외쳐댔다.

"더 짓밟아라. 더 밟아라!"

살기 위해 어쩔 수 없이 하이에나 무리에 속한 사자는 자신도 하이에나라고 생각하며 살아남아 버티지만, 언젠가 자신이 사자라는 것을 다시 깨닫는 순간 모조리 물어 뜯어 버린다.

'불쌍하고 한심하게만 봐라.
그러나 내 미래까지 단정하진 마라.'

그렇게 터져버릴 것 같은 복수심을 되새기며 온종일 걸어 집에 도착하면, 다시 시작할 수 있는 새로운 에너지가 생겼다. 마음속에 새긴 근성으로 그렇게 버텼다.

1992년 7월, 영양실조에 걸린 걸 숨기고
할아버지 산소에 친척들과 갔을 때

대한민국 남자라면, 반드시 거쳐야 할 인생의 관문이 있다. 바로 군대이다. 남자는 때론 군대를 다녀온 이후 인생이 달라지곤 한다. 새로운 기회가 주어지거나 인생의 전환점이 발생하기도 한다. 결과적으로, 나에게도 군대를 다녀온 이후가 하나의 전환점이자 기회의 순간이 된 셈이었다.

군대에 다녀왔을 때 여자 친구를 사귀었다. 그녀는 자기 친구라고 한 사람을 소개해줬다. 그런데 그 사람은 〈보물섬〉이라는 만화 잡지 기자였다.

요즘은 네이버웹툰이 만화를 볼 수 있는 가장 큰 제공처라면, 당시에는 〈보물섬〉이라는 잡지가 만화를 독자에게 서비스하는 가장 큰 제공처였다. 이현세 선생님, 허영만 선생님, 이두호 선생님 등 내로라하는 작가들이 〈보물섬〉에서 연재하고 계셨다.

여자 친구가 〈보물섬〉 기자를 만나게 해줬을 때, 나는 내 그림을 보여줬다. 그때는 그 기자와 별말 없이 헤어졌는데, 몇 개월 있다가 연락이 왔다. 〈보물섬〉에 데뷔시켜 주겠다는 것이었다. 그런데 조건이 있었다. 3일 만에 단편 하나를 가지고 올 수 있느냐는 것이었다.

어떤 작가든 아무리 연재하고 싶어 하는 만화 잡지라고

해도, 다양한 상황에 따라 작가들은 종종 펑크를 냈다. 그럴 때마다 기자들은 난리가 났다. 미리 대비하고 있지 않으면, 연재에 구멍이 나는 상황이 벌어졌기 때문이다. 그래서 기자들은 땜질용 원고를 몇 개씩 가지고 있어야 했다. 마침 그런 상황이 벌어졌는데, 기자가 쥐고 있는 원고가 없었던 것이다. 그래서 나한테 연락해온 것이었다.

그때 「약속」이라는 작품을 3일 만에 만들어서 가지고 갔다. 부랴부랴 서둘러 만든 작품이었는데, 공개하고 나니 26개 작품 중 9위를 해버렸다. 기대하지 않은 좋은 반응에 잡지사에서 연재를 제의했다. 그 어렵다는 만화 잡지에 마침내 입성할 수 있게 된 것이었다.

어렵게 찾아온 기회를 놓칠 수는 없었다. 미친 듯이 일했고, 그 노력이 결과로 드러났다. 내 만화는 전체 순위 5위권에서 떨어져 본 적이 없었다. 그 당시 〈보물섬〉에 연재하는 만화 중에는 『아기공룡 둘리』도 있었다. 여전히 많은 이가 기억하고 좋아하는 바로 그 만화 말이다. 그런데 내 작품이 『아기공룡 둘리』와 겨루는 상황이 된 것이었다. 누가 보면, 굉장히 웃기는 상황이었을 것이다. 그림은, 나를 비판하는 그들의 말대로라면 개떡 같은데 인기세가 좋았으니까 말이다.

〈보물섬〉에서 연재했던
『그레이트 캡장』,
연재 1주년 기념 이벤트 페이지

『그레이트 캡장』 속표지

　나는 매일 불같이 열정을 불사르며 열심히 그림 그리고 연재했다. 그러나 영원한 것은 없다. 잡지 판도 마찬가지였다. 〈보물섬〉은 점차 쇠퇴하는 상황이 되었고, 만화 시장 자체가 주간지로 넘어가게 되었다.
　지금의 '네이버웹툰'과 '카카오웹툰'처럼 당시 주간지에도 양대 산맥이 있었다. 〈아이큐 점프〉와 〈소년 챔프〉였다. 〈아이큐 점프〉에는 『드래곤볼』이 있었고 〈소년 챔프〉에는 『슬램덩크』가 있었다. 만화 이름만 들어도 어떤 상황이었는지 짐작이 갈 것이다. 그렇게 주간지 전성시대가 시작되었다.

  나도 이왕이면 만화 시장의 중심부로 들어가야겠다고 생각했다. 〈소년 챔프〉에서 먼저 도전했으나 잘되지 않았다. 항상 그래왔듯이, 나는 실패했다고 쉽게 주저앉지 않았다. 〈아이큐 점프〉로 넘어갔고 다시 도전했다. 거기서 『마계대전』을 냈는데, 그게 터졌다.

〈소년 챔프〉에서 연재했던 『허리케인』의 표지

주간지의 양대 산맥 중 하나였던 〈아이큐 점프〉

잡지사에서 결국 원하는 건 단행본이었다. 그런데 주간지에 연재하는 분량만으로는 단행본으로 내기에 부족했다. 1년이 52주니까, 1년간 연재한 만화를 모아서 단행본으로 내도 1년에 약 5권밖에 낼 수 없었다. 이 잡지 시장과 만화방 시장의 중간에 있는 코믹스 시장이 엄청난 시장이라는 걸 알 수 있었다.

당시 인기 작가였던 박산하 작가 같은 경우에는 한 작품이 200만 부씩 나가기도 했다. 내가 만든 『마계대전』은 한 권에 5만 부씩 나갔는데, 한 작품당 200만 부라니 매출 수준이 다른 게 느껴졌다. 하지만 내가 그 정도 작가도 아니고 그럴 만한 능력도 없었다. 나는 생각했다.

'『마계대전』을 1년에 5권을 낸다고 하면 총 25만 부가 나가는 것이다. 내가 만약에 조금 더 열심히 하면, 1년에 5권 이상을 만들 수 있다. 아니, 팀을 만드는 게 어떨까? 그러면 한 달에 5권을 낼 수도 있지 않을까? 그렇게 할 수 있다면, 따라잡을 수 있다.'

그렇게 생각했다.

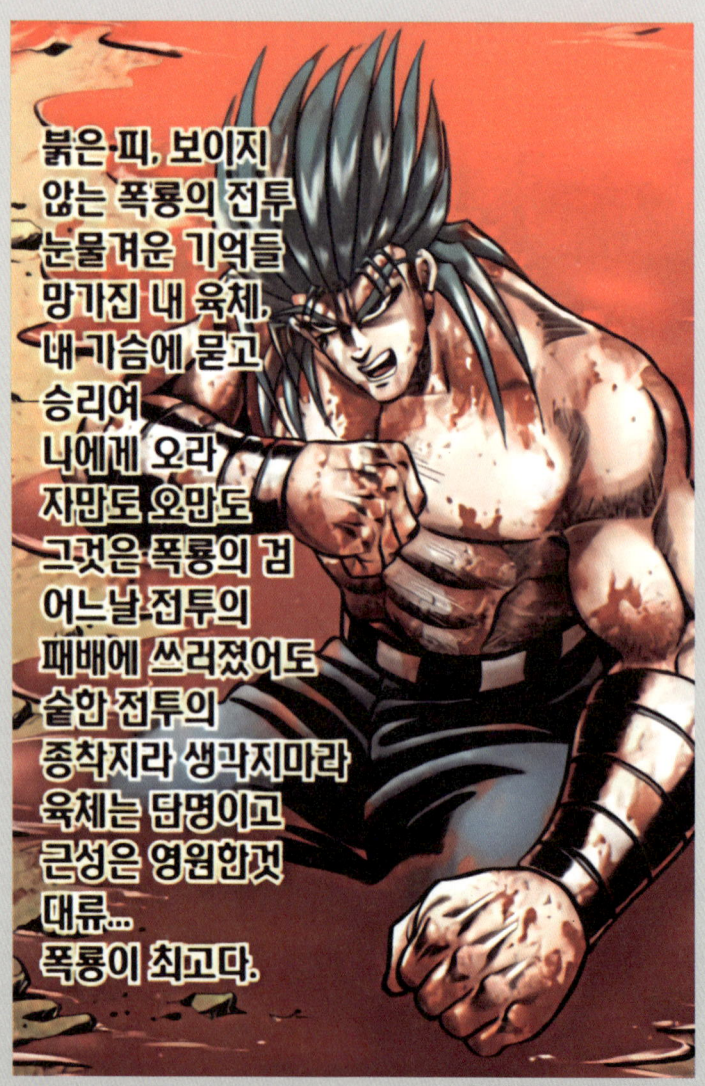

『마계대전』의 '폭룡의 시'

우리나라 사람들은 굉장히 서두르는 성향이 강하다. 독자들도 굉장히 급하다. 좋아하는 작품을 빨리 보고 싶어 한다. 흐름이 끊기면, 바로 다른 작품으로 넘어가는 게 우리 독자들이다. 그래서 이 방식이 통할 것으로 생각했다. '김성모'라는 이름을 내건 팀을 만들어서 1년에 5권이 아니라 한 달에 5권을 내야겠다고 생각했다.

나는 생각한 바를 뒤로 미루지 않는 성격이다. 바로 친구들을 불러 모았다. '김성모'라는 이름을 내세운 화실을 꾸리고 조직을 갖추었다. 그리고 생각한 대로 추진하자 한 달에 20만 부씩 계속 매달 나가는 결과를 경험했다. 후에는 한 달에 30권, 40권까지 출간할 수 있게 되었다. 그러자 기대 이상의 성과가 나왔다. 사실 이러한 팀 방식을 내가 고안해 만든 건 아니다. 기존 우리 만화계의 도제식 시스템을 차용한 것이다.

이후 김성모 화실은 만화계에 긍정적으로 정평이 났다. 김성모 화실에 가면 원고료도 세게 주고 대우도 좋다고 알려졌다. 잘 데도 있고 식당도 있다는 게 알려지면서 전국의 그림쟁이들이 다 모였다. 그때 당시 우리나라에서 그림 좀 그린다는 문하생들은 다 우리 화실을 찾아왔다. 그런 식으로 김성모 화실은 성장해 나가기 시작했다.

그러나 위기는 다시 찾아오기 마련이다. 김대중 정부가 들어서면서 일본 대중문화에 관한 규제를 풀기 시작했다. 일본 대중가요가 먼저 밀고 들어왔다. 정부에서는 2천 석 이하 규모 실내 장소에서 일본 대중음악 공연을 허용하기도 했다. 그러면서 1999년쯤에는 일본 만화도 본격적으로 들어오기 시작했고 신세대들 사이에서 선풍적인 인기를 끌었다. 그런 상황은 우리 만화계에 작지 않은 타격을 줬다. 어찌 보면 그때까지 우리 만화계는 너무 안일하게 생각하고 현상 유지나 하고 있었는지도 모르겠다.

그 타격은 심각한 상황으로 치달았다. 우리 화실도 마찬가지였다. 어느 날 화실에 갔는데 텅텅 비어 있었다. 그리고 2층 구석에 화실 원 12명만 딱 남은 상황을 마주해야 했다. 다 도망가 버린 것이었다. 그제야 깨달았다.

'아, 이대로는 안 되겠구나.'

일본 만화가 인기를 끄는 상황이었지만, 나는 그 상황에 끌려갈 수는 없다고 생각했다. 우리는 우리만의 만화를 해야 한다고 생각했다. 절대 움직일 수 없는 한국인만의 정서를 만화에 담아야겠다고 생각했다. 그렇게 마음먹고 시도한 게 성인물이었다. 한국의 성인물은 일본 만화와는 완전히 다르다. 일본 만화의 성인물은 우리와 정서가 맞지 않는다. 우리는 우리만의 '한(恨)' 같은 정서가 있고, 그것은 우리 작가만이 제대로 표현할 수 있다고 생각했다.

허영만 선생님의 『타짜』라든가 『도시정벌』, 『신이라 불리운 사나이』 등 우리 정서에 맞는 성인용 만화들은 따로 있다고 생각했다. 그리고 성인물 시장은 몇 작품 외에 시장이 그다지 잘 형성되어 있지 않았다. 오히려 그것이 또 다른 기회가 될 것으로 생각했다. '코믹스에서 화실을 일으켜 세웠듯이 성인물 분야로 들어가서 다시 한번 성공해보자'라는 각오로 성인물 시장에 뛰어들었다.

그런데 성인물은 코믹스와는 완전히 분위기가 달랐다. 그저 치고받으며 싸우는 학원물 같은 걸로는 성인물에 비빌 수조차 없었다. 성인물에서 성공하려면, 더 깊은 우리 사회의 현실을 다루는 이야기들이 있어야 한다고 생각했다. 그러니 성인물을 제대로 하려면, '리얼 극화'를 해야 한다고 생각했다. 그렇게 우리 화실의 첫 성인물인 『용주골』이 탄생했다.

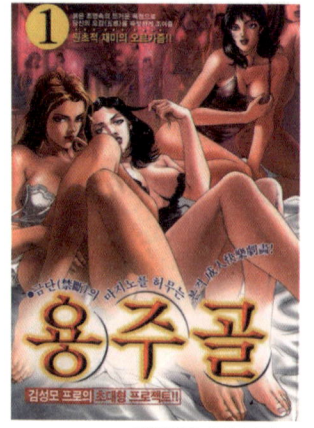 

『용주골』 1권 표지   　　　　『용주골 블루스』 1권 표지

　당시에 성인물에서 인기가 좋았던 작품은 신형빈 선생님의 『도시정벌』, 박봉성 선생님의 『신이라 불리운 사나이』와 같은 작품이었다. 두 작품의 공통점은 판타지(?) 액션물이라는 것이었다. 비현실적인 세계에서 펼치는 화려한 성인 액션극이었다. 그러나 나는 완전히 다른 장르를 해야겠다고 생각했다. 현실적인 이 사회의 문제를 만화로 끄집어내야겠다고 생각했다.

　그런 만화를 창작하기 위해서는 먼저 그 사회 문제를 제대로 알아야 했다. 나는 직접 그 현장에 뛰어들어 취재하고 파헤쳐야겠다고 생각했다. 그 사회 어두운 면의 아픔, 좌절, 절망을 그대로 보여주기 위해서는 그래야만 했다.

나는 '용주골'에 갔고 그곳에 들어가서 취재를 시작했다. 그때 당시 용주골은 우리나라 최고의 사창가였다. 나는 실패한 사업가로 위장해 용주골 주변에 기거하며, 거기서 일하는 아가씨들과 친해졌고, 이야기를 나누고 사진도 찍었다. 그러다가 건달들에게 맞아서 갈비뼈 몇 대가 부러진 적도 있다. 그렇게 두 달간 업소 여성뿐만 아니라 포주, 건달들과도 친분을 쌓으며, 자료를 수집했다. 정말 피 튀기는 취재를 통해 이 작품은 완성되었다.

작가가 실제로 취재해 작품을 쓰다 보니 작품에서 풍기는 느낌이 일반 작품과 다를 수밖에 없었다. 직접 경험하고 느낀 것을 그대로 작품에 반영하니 그 생생한 사실감과 진정성이 독자들에게 그대로 전달되었다고 생각한다. 『용주골』은 그야말로 대박을 터트렸다.

'아, 취재의 힘이라는 게 이처럼 엄청난 거구나.'

새삼스럽게 그 힘을 깨달았고, 그때부터 성인물을 만들 때 전부 직접 취재했다. 취재하면서 별의별 인간을 다 만나

봤다. 우리나라 최고의 제비도 만나봤고 최고의 도둑놈도 만났으며, 최고의 칼잡이도 만났다. 그 칼잡이는 내게 칼침 놓겠다고 화실에 찾아온 적도 있는데, 가스총 쏘고 도망간 적도 여러 번 있었다. 한 번은 사채를 소재로 작품을 만들어보려고 일부러 5,000만 원을 빌린 후 갚지 않았다. 당연히 목숨이 왔다 갔다 하는 경험을 겪을 수밖에 없었다. 제비족 관련 만화인 『빨판』이라는 작품을 만들 때는 직접 당시 우리나라 최고의 제비로 불리는 이에게 접근해 자료를 수집했다. 여성 1,500명을 농락한 제비였는데, 아예 문하생으로 들어가 온갖 기술을 배웠다. 그러면서 겪은 고생은 정말 말로 다 할 수 없다. 그래도 이렇게 열심히 취재하며 만든 작품들의 성과를 보면 뿌듯했다. 지금은 그때 취재하며 다니던 시절이 좋은 추억으로 남았다.

『용주골』이 성공한 뒤 얼마 후 〈일간 스포츠〉에서 연락이 왔다. 당시 〈일간 스포츠〉는 다른 신문과 비교해 인지도가 많이 밀리는 중이었다. 신문사도 마찬가지로 어려웠겠지만, 신문에 만화를 연재하는 것은 내게 쉽지 않은 도전이었다. 나는 다시 이를 악물고 새로운 도전에 맞서기로 했다. 그리고 새로운 작품을 준비했다.

그 당시 감방에 들어갔다 나온 지인이 있었다. 취재 본능이 끓어올라 만나게 되었는데, 이야기 나누다 보니 좋은 소스를 전해 들었다. 그 분야에서도 인정하는 신세대 털이범을 알고 있다는 것이었다. 나는 그 털이범이 어디에 있느냐고 물었다. 그리고 바로 청송 교도소로 달려갔다. 그를 만나 자료 좀 달라고 했다. 맨입으로 줄 리는 없으니 끌릴 만한 제안을 했다. 교도소에 있는 동안 징역 수발하겠다고 하니까 긍정적인 답변이 돌아왔다. 그 사람에게서 엄청난 자료를 건네받을 수 있었다.

자료를 훑어보니 스토리가 바로 떠올랐다. 엄청난 성인 극화가 탄생하리라는 생각에 머리털이 쭈뼛 섰다. 그런데 제목을 어떻게 정할지 고민이 됐다. 그때 그런 상황을 지켜 보시던 아버지가 고민을 해결해주셨다.

"야, 성모야 뭘 걱정해. '대털'로 해라."
"아니 아버지, '대털'이 뭐예요?"
"대털? 크게 턴다, 대털! 멋있잖아!"

'대털'이라는 단어를 듣자마자 '아, 이거다!' 하는 생각이 들었다. 나는 바로 제목을 『대털』로 정하고 작업을 시작했다.

그때도 절대로 쉬운 상황이 아니었다. 당시 선풍적인 인기를 끌었던 허영만 선생님의 『타짜』와 맞붙어 싸워야 하는 상황이었던 것이다. 2006년에 영화화까지 한 바로 그 작품 말이다. 그런데 곧 엄청난 반응이 쏟아졌다. 그리고 이제껏 볼 수 없었던 성공을 맛볼 수 있게 되었다. 그야말로, 『대털』로 만화계를 완전히 휩쓸어버렸다.

『대털』로 인해 내 팬이 된 독자가 정말 많았다. 그때 만화계 탑까지 넘볼 수 있게 되었고, 어디 가도 꿀리지 않는 작가가 되었다. 만화계에서 내 명성은 자자해졌고, 그 당시에 내 명작들이 많이 쏟아져 나왔다.

『대털』의 표지들

어렸을 때부터 절망적인 삶을 살아서일까, 나는 절망과 희망을 잃어버린 사람들을 만나는 게 좋았다. 그들의 눈빛 속에는 오묘하지만 진한 슬픔의 실체가 뚜렷한 사진으로 담겨 있다. 그것이 나에게 보였다.

그들의 눈빛 속에서 알게 된 진정한 슬픔을 내 만화에 담으려고 노력했다. 『마계대전』의 폭룡족 대류는 온몸이 터져나갈 만큼 싸우며 죽어갔고, 『럭키짱』의 강건마는 자신보다 강한 상대들에게 근성으로 끊임없이 달려들어 친구들을 지켰다.

남자의 절망보다 여인의 절망이 더 비참하고 크다는 것을 보여주기 위해 『용주골』을 썼고, 취재하며 실제로 느낀 현실의 절망과 좌절을 보여주고 느끼도록 하기 위해 『대털』을 그렸다.

나는 『용주골』을 제작할 때 항상 명심하고 또 명심했다.

'섹스와 폭력이 결코 주가 되어선 안 된다.'

그것들은 단지 내가 이야기하고자 하는 바를 거들 배경

이라고만 생각했다. 『대털』도 마찬가지다. 당시 사회의 암울한 현실을 실감 나게 묘사하려고 노력했을 뿐이다. 사회의 악을 상업적으로 이용한 삼류 만화라는 평에 나는 이 자리를 빌려 억울함을 표현하고 싶다. 임권택 감독이 만들고 신은경이 주연으로 연기한, 1997년 작 〈노는 계집 창〉은 파란만장한 여인의 인생을 담은 진정한 수작이다. 당시 사회 현실을 있는 그대로 보여준 명작 중의 명작으로 평가받는다. 매춘부를 다뤘다고 해서 누구도 삼류 쓰레기 영화라고 말하지 않는다. 물론 이 대작과 내 작품들을 비교할 바는 아니지만, 나도 시대적 사회의 병폐를 보여주며 독자들이 인간의 고통과 좌절, 슬픔을 느끼게 하려는 것이었다.

내 만화의 정의는 단 하나다. 꿈도 희망도, 사라진 절망과 좌절에 빠진 한 인간이 사랑하는 단 한 사람의 도약을 위해 모든 것을 바치며 죽어가는 이야기. 난 그런 이야기가 좋다.

『대털』과 『용주골』은 대성공을 거두었다. 나는 내 진정성이 독자들에게 인정받은 결과로 생각한다. 지금 와서 생각해보면, 그때 내 작품들을 영화화하지 못한 게 그저 아쉬울 뿐이다.

신문 연재를 시작하고 장장 15년 8개월 동안 〈일간 스포츠〉, 〈스포츠 서울〉 지면을 바꿔가며 꾸준히 연재했다. 물론 10년 이상 연재한 신문은 〈일간 스포츠〉였다. 『대털』, 『여인 추억』, 『대털 2.0』, 『999.9 마신』, 『왕수』, 『깡비』, 『강안남자』 등으로 이어지는 작품 연재는 나를 최고 반열의 작가로 거듭나게 해주었다.

신문이라는 매체는 그 당시 만화계의 최고 연재처였으며, 신인 작가가 성장하는 데 최고의 발판이 되어주었다. 웬만한 작가는 연재는커녕 발도 못 붙일 곳이었다. 발을 붙인다 해도 매일 연재로 인기까지 얻어야 한다는 부담은 극복하기 힘든 것이었다. 따라서 신문사들은 우리가 잘 아는 만화계의 거장들만을 섭외할 수밖에 없었다. 이현세, 허영만, 박인권 등등 이름을 꺼내면 누구나 알 만한 작가들이 신문 연재로 이름을 날렸다. 아무리 대단한 작가라도 매일 연재하며 인기까지 얻을 만한 스토리를 만들기는 쉽지 않았다. 그것은 작가로서의 최고 경지였다.

2000년 〈일간 스포츠〉의 장상용 기자가 나를 찾아왔을 때, 나는 전 신문 업계를 '천하 제패'해주겠다고 공언했다. 잘난 체했던 것이 아니다. 나는 자신 있었다. 그리고 정말 그렇게 했다. 〈일간 스포츠〉에서 연재하기 시작해 그 뒤로 2015년까지 매일, 단 한 번의 휴재도 없이 신문 연재를 완수했다.

비참하고 힘든 과정을 버텨 마침내 꿈꿨던 만화 작가가 될 수 있었다. 그리고 피 터지는 노력 끝에 만화계에서 어느 정도 성공한 작가 대열에 합류할 수 있었다. 내 이름을 내건 조직을 갖추고 전력을 갖추는 데 10년 이상 고군분투했다. 이제는 한 달에 15~20권 분량을 고르게 뽑아낼 수 있도록 조직을 일구었다. 끊임없이 노력하고 버틴 만화가로서의 인생이있다. 하지만 마음 편한 인생은 펼쳐지지 않았다.

사방에서 나를 공격했다. 한 달에 반 권도 만들지 못하는 작가들이 나를 비난했다. 한 달에 반 권은 고사하고 1년에 한 권 분량이나 간신히 출간하는 작가들이 나를 성토하고, 비주류니, 하류니 하며 공격했다. 그저 웃길 뿐이었다.

나를 공격하는 이들은 연출, 그림, 스토리 등등 모든 것을 끄집어내 공격했다. 만화계 곳곳에서 나를 지적했고, 그들의 모임이나 화합에 배제되곤 했다. 사실 나도 같은 또래 만화가들에게 왠지 모를 미안함이 있어서 별로 만나지 않았다. 그렇기에 만화계의 중심부(?)와는 아예 인연이 없었다. 그들의 공동 타깃이 되어 무참히 비난받았고, 그들은 나를 삼류 만화가로 애써 치부하며 밟았다. 그리고 그들의 이상한(?) 사상을 지지하는 독자들에게 융단 폭격당했다. 동료의 무차별 공격보다 독자들의 날 선 한마디가 더 아팠다. 30년간 편할 날 없는 세월이었다.

사실 만화계에 처음 데뷔한 청년 시절에는 나도 가녀린 미소년 스타일이었다(고 기억한다). 물론 어리바리했던 걸 인정한다. 그래도 단지 만화로 성공하고 싶은 강한 근성과 열정으로 가득했다. 미친 듯이 일했고, 그만큼 돈을 벌었다. 열심히 하면 풍족한 삶을 누리고 잘살게 해주시는 독자님들에게 언제나 고마운 마음을 품고 살았다. 그래서 나는 여태껏 단 한 번도 독자들과 싸운 적이 없다. 욕하면 욕하는 대로, 비난하면 비난하는 대로 묵묵히 참아냈다. 그게 그간 잘살게 해준 독자들에 대한 도리라고 생각했다.

내 인생이 바뀐 것은 리얼 성인 극화를 위해 사회 밑바닥을 취재하면서였다. 얼마나 잔혹한 것을 많이 봤는지 모른다. 그러면서 숱하게 구타당해 뼈가 부러졌고 칼침도 많이 맞았다. 그 세계에선 죽는 사람(?)이 왜 그리도 알게 모르게 많은지…. 거친 취재 생활을 하면서 사내는 왜 기가 죽으면 안 되는지, 왜 반드시 복수를 해줘야 하는지 뼈저리게 느꼈다. 하지만 단 한 번도 만화 업계에서는 그런 모습을 적나라하게 보인 적이 없다. 나는 깡패, 건달이 아니라 작가니까. 선배들을 보면 항상 깍듯하게 인사했고, 후배들은 사랑으로 대하려고 노력했다.

그런데 왜 그들은 나를 공격했던 것일까? 나는 그 이유를 알았고, 지금은 더욱더 잘 알 것 같다. 자신들의 가슴을 들여다봤다면, 진실의 심장이 그들에게도 제대로 이야기해주었을 텐데…. 그들은 진실을 외면했다.

내가 느끼기에 그들의 사상은 결국 돈으로 귀결되는 것이었다. 겉으로는 장인 정신을 내세우는 듯 포장하지만, 그 속에는 돈을 향한 갈구가 깊숙이 내재된 듯 보였다. 내가 아니라 오히려 더 돈을 갈구하는 것은 그들 같았다.

만화를 향한 내 관념은 그 속물들과 다르다. 만화라는 장르는 소비 예술이며, 결국 돈을 통해 완성된다. 그것을 만들어주는 것은 독자들이다. 따라서 독자들을 매료할 수 있는 작품을 연구, 노력하는 것이 만화가의 최고 임무라고 생각한다. 나는 항상 그러한 만화가로서의 지향성을 숨기지 않고 드러낸다. 그게 사실이고, 현실이다.

만화 작가가 돈을 벌지 못하면, 어떻게 작품 활동을 할 수 있겠는가? 작가 자신이 풍요해야 하고, 화실 멤버들도 안정한 생활을 유지할 수 있어야 좋은 작품을 꾸준히 낼 수 있다고 생각한다. 꼭 배고픔만이 좋은 작품의 선결 조건은 아니다.

나는 그들의 공격에 신경도 쓰지 않았다. 나는 어느 작가의 스토리나, 그림, 연출 등을 누구든 절대 함부로 평가할 수 없다고 생각한다. 한 작가의 작품은 이 세상에 오로지 하나밖에 없는 예술이다. 작가라는 이름이 주어졌다는 것은 세상으로부터 그 독창성을 인정받았다는 의미이다. 그런 생각에 온갖 공격을 무시했다. 그리고 철저히 내 멋대로 쓰고 그렸다.

나는 때론 오기를 부렸다. 〈아이큐 점프〉에 연재할 때는 16페이지 원고에 전장을 8페이지 넣은 적도 있고, 『럭키짱』 중 콤보 액션이 들어가는 장면에서는 80페이지(반 권)를 전장으로 때린 적도 있다.

'이게 김성모식이다. 우짤래?!'

이런 오기 가득한 생각으로, 나를 공격하는 이들에게 이처럼 능동적으로 맞섰다.

이렇게 되받아 치자 나를 매도하는 작가들은 더욱더 많아졌다. 게다가 잘 알지 못하는 독자들까지 가세해서 나를 엄청나게 욕하고 비난했다. 하지만 난 단 한 번도 그들을 비난하지 않고 묵묵히 내 길을 갔다.

그런데 어느 순간부터는 내가 경험한 세상에 비하면 초등학생, 아니 유치원생 수준도 안 되는 인간들이 시비를 걸어오는 상황까지 벌어졌다. 미소년 시절(?)의 김성모만 기억하는 인간들이 내 실체를 모르니까 그럴 수 있다고 이해하며 넘어갔지만, 공격은 차츰 더 심해졌다.

어느 순간 더 이상 시비 거는 자들을 용서하면 안 되는 것 아닌가, 생각도 했었다. 한때는 작가의 탈을 벗고 복수의 칼날을 갈 마음을 먹기까지 했었다. 몇 번 경고했는데, 듣지 않는다면 어쩔 수 없다고 생각했다. 언젠가 가슴속에 한 자루 예리한 칼날을 품은 짐승이 펼쳐놓을 지옥을 경험하게 해주겠다며, 이를 갈았다. 너무 공격이 지나칠 때는 내가 경험한 것을 그대로 겪게 해주겠다는 심정까지 들었다.

하지만 그런 마음을 쉽게 먹어서는 안 된다는 걸 나 자신이 잘 알고 있다. 내가 경험한 세월은 나를 공격하는 만화계 인물들뿐만 아니라 일반 사람들과도 완전히 다르기 때문이다. 그들이 그간 세월 속에서 경험한 고분고분한 인간들과 나는 색깔 자체가 다르다. 소설이나 영화보다 현실이 더 잔혹할 수 있다는 걸 직접 경험하며 알게 되었다. 그 잔혹한 현실이 뉴스에 나올 때마다, 난 무슨 일이 벌어졌는지 자연스럽게 직감한다. 옛날 선조들이 왜 사내들은 입이 무겁고 듬직해야 한다고 얘기해왔는지, 나는 그 잔혹함 속에서 깨달았다. 그렇다 보니 내게 복수라는 말의 의미는 다른 이와 다를 수밖에 없다. 나는 진정 복수라는 말을 함부로 꺼내지 않는다. 그저 알량한 경험으로 나를 대하지 말기를 바랄 뿐이었다.

그러나 나는 연륜과 경륜을 쌓아가며 참혹한 복수보다 더 좋은 복수가 있음을 깨달았다. 그것은 성공하는 것이었다.

결국, 지금 어떤가? 살아남은 우리 또래 작가들은 나까지 포함해 몇 명 되지 않는다. 그저 만화계에 입문할 때부터 마음속에 새겨둔 '근성'으로 버텼고, 지금의 나도 그렇게 만들어졌다. 나는 나만의 것으로 독자에게 어필했고, 차츰 나를 지지하는 팬을 만들어갔다.

이런 강인한 성격을 형성하게 만들어준 돌아가신 내 아버지께 감사할 뿐이다. 우리 아버지는 얘기하셨다.

"인생이든, 일이든 옆에서 그럴듯하게 말하며 교육하려고 덤비는 놈들은 다 개새끼들이다."

인간은 결국 자기 스스로 느끼면서 크는 것이다.

2005년을 넘어 2006년쯤 네이버에서 본격적으로 만화 서비스를 시작했던 것으로 기억한다. 포털사이트에 접속한 사람들이 모니터 화면으로 만화, 즉 웹툰을 즐기도록 한 서비스였다. 그리고 인터넷으로 만화를 즐기는 웹툰 시장은 날이 갈수록 커졌다. 그러면서 갈수록 기존 만화 시장이 밀리는 게 느껴졌다. 어쩌면 그때 바로 네이버웹툰으로 넘어갔어야 했는지도 모른다. 하지만 그동안 쌓아온 것을 생각하니, 아무래도 쉽게 옮길 수는 없었다.

계속 이렇게 가다가는 버틸 수 없겠다 싶었을 때, 곧 네이버웹툰에서 제의가 왔다. 그땐 웹툰 시장을 좀 가볍게 생각했었다. 적당히 만들어서 집어넣고 넘어가자, 이렇게 생각했다. 그때 만든 만화가 『돌아온 럭키짱』이었다. 그런데 그것은 내 오판이었다.

웹툰 시장은 점차 거대해져 갔다. 그제야 정신 차리고 웹툰에 전념해야겠다고 생각해서 나름대로 노력했고 분석도 했다. 그 결과 강한 스타일의 작품으로 들어가면, 성공할 가능성이 있겠다고 생각했다. 그런데 그것도 오판이었다. 내 그림 스타일은 이미 옛날 스타일이 되어 있었다. 이런 시대의 흐름을 피할 수가 없었다.

나와 우리 팀은, 늦었지만 웹툰 시대에 새롭게 맞춰야 한다는 것을 깨달았다. 그래서 2017년부터 완전히 새로운 스타일의 만화를 기획했다. 그리고 2018년에 『고교생활기록부』라는 만화를 가지고 다시 도전했다. 지금까지와는 다른 새로운 걸 기획해 만들어서 대중 앞에 선 것인데, 나름대로 초반 반응이 나쁘지 않았다. 변화는 쉽지 않은 일이었지만,

분위기가 좋았다. 단 4화 만에 요일 1위를 차지하며, 치고 올라갔다. 계속 기대해볼 만하겠다는 생각이 들었다. 그런데 사건이 터졌다.

아마 이 글을 보는 독자라면, 다들 그 사건을 알 것이다. 트레이싱 사건, 내 만화 인생의 최대 오점. 그 사건으로 나는 땅바닥에 떨어졌다. 기세 좋게 출격한 군함이 불의의 일격(?)으로 침몰한 꼴이었다. 솔직히 지금 와서 이야기하면, 내가 그린 것은 아니었다. 그래서 내 잘못이 아니라고 이야기할 수도 있었다. 하지만 어쨌든 내 이름을 걸고 나온 작품이니 내가 책임을 지는 게 옳다고 생각했다. 조직의 리더로서 책임을 통감했다. 무엇보다 나를 바라보던 수많은 독자와 후배들에게 정말 창피한 일이었다. 그 후 상당히 힘든 시간을 보냈다.

많은 작품의 작업을 진두지휘하다 보면, 가끔 부침이 지나쳐서 임계점에 이를 때가 있다. 그때마다 마음을 다지기 제일 좋은 방법은 2018년도 트레이싱 사건을 떠올리는 것이다. 내 만화 인생 최고의 실수인 데다, 정말 처절하게(?) 나 자신뿐만 아니라 나와 가까운 주변인들이 당한 일이었다. 무려 30년 가까운 세월 내가 마음을 줬던 인간들에게서 배신당한 것이지만, 리더인 내가 오롯이 책임을 져야 했다. 그때를 생각하면 반드시 다시 힘을 내어 '천하 제패'를 이루겠다는 투쟁심으로 심장이 불타오른다.

3년간의 자숙을 끝내고 네이버웹툰에서 복귀 준비하라고 했을 때를 기억한다. 그때, 처음 들었던 가슴속의 불타오르는 각오를 기억한다.

'비장한 스토리와 뼛골의 피 한 방울까지 짜내며
때려 박는 작화로 글로벌까지 노릴 대작을 만들자!'

일본 작가인 미우라 켄타로의 『베르세르크』와 한번 맞짱을 뜰 수 있을 만한 작품을 해보자는 결의였다. 지금 그는 없지만, 그 결의는 여전하다. 나는 항상 넘을 수 없을 것만 같은 최고의 목표를 세우고 그 목표를 향해 나아간다. 불타오르는 승부욕만큼은 적어도 만화계 최고라고 자신한다. 거대한 팀을 이끌어온 영욕의 세월은 수도 없이 나를 갉아먹었지만, 결코 약한 생각으로 얼렁뚱땅 넘어갈 생각은 하지 않는다.

솔직히 웬만한 작가는 그때와 같은 그런 험악한 상황을

뚫고 다시 올라오기 힘들었을 것이다. 내가 버티고 다시 일어날 수 있는 것은 아직 나를 사랑해주는 수많은 독자와 마약 먹은 듯 나를 곁에서 맹목적으로 지원해주는 후원자들 덕분이다.

'만화계에서는 제대로 붙어서 단 한 번도
져본 적이 없다. 언제나 내가 1등이었고, 최고였다!'

이런 건방진 생각으로 마음을 다잡으며, 십 분, 한 시간, 열 시간 더 버티면서 일하고 있다. 이번 기회를 내 만화 인생의 마지막 기회로 삼겠다는 각오로, 온 힘을 다해 작품을 완성하고 있다. 천하의 독자들에게 다시 평가받겠다는 그 각오로 지금까지 도전을 멈추지 않고 있다.

『인간대전』과『쇼미더럭키짱』으로 예열은 끝났다. 새로운 작품을 연이어 발표하며 계속해서 도전할 계획이다. 나는 다시금 천하 제패를 향한 열망을 불태우고 있다.

만화계에는 '극화 혈통'이라는 것이 있다. 극화체를 구사하는 만화계의 전통을 잇는 만화가들을 말한다. 극화란, 8~9등신의 캐릭터를 기본으로 하고, 배경과 폭발할 듯 화려한 연출 등 모든 그림을 이를 악물고 직접 손으로 그리며 때려 박는 원고 스타일을 말한다. 예전 만화계에서는 극화체만이 업계를 선도했고 히트를 쳤으며, 인정받았다. (물론 『아기 공룡 둘리』 등 예외가 없었던 건 아니다.)

그들은 한 번 그리기 시작하면, 15시간 이상 쉬지 않았다. 일을 끝내고 나면 양동이에 담배꽁초가 한가득 쌓일 정도였고, 완전히 탈진했다. 알코올 냄새 진하게 퍼지는 '두꺼비'라는 소주를 서너 병 빨고 흠뻑 취해야 그 탈진을 버틸 수 있었다. 그러고는 알코올에 찌든 몸을 아무 데나 쓰러뜨려 뉘어 그 고통을 씻어냈다. 그것으로 작품 탄생의 고통을 보상받았다. 그들은 그렇게 한 달에 2천 컷 이상을 그려냈다. 요즘 웹툰 작가들이 일에 치여 힘들다고 하는데, 차원이 다른 생산력이었다.

그처럼 많은 그림을 완성해냈다고 해서 그림이 구렸을

까? 천만의 말씀! 그림도 훌륭해야만 극화 혈통이라고 할 수 있다. 그들이 그려 놓은 원고들을 보며 후배들은 진정한 존경심을 품었다. 나도 만화계에 입문했을 때 분명히 보았다. 진짜 짐승, 맹수 같은 극화 만화가들이 밤을 새우면서 피를 토하며 완성한 원고가 진짜 작품이 되는 모습을.

트렌드가 바뀌고 웹툰에는 맞지 않는다는 이유로 요즘은 극화체로 완성한 만화를 잘 볼 수가 없다. 극화 혈통을 잇는 작가들조차 이제는 찾아볼 수가 없다. 요즘 만화를 보면, 쉬운 그림체와 가벼운 스토리에 연출도 그저 도망가기에(?) 바쁜 듯한 만화가 많이 보인다. 그게 현재 웹툰계에서 원하는 방향이기는 하겠지만, 안타까운 마음이 조금 든다. 세월이 지나면 또 달라지게 되어 있다. 변하지 않는 것은 기본기뿐이다.

우리나라 최고의 웹툰 플랫폼인 네이버웹툰에는 현재 시대를 선도하는 트렌디한 작품들로 넘쳐나고 있다. 그런데 그 만화들이 마치 만화의 전부인 양 업계에서 인정받고 있는 현실이다. 그러나 나는 그저 트렌드를 좇아가는 만화가 진짜 작품을 이길 수 없다고 생각한다. 우리 팀은 현재 트렌드를 뒤엎을 극강의 정통 소년 만화를 세상에 선보일 계획이다.

현재, 김성모 만화스튜디오(카르만)에서는 『대털』, 『용주골』 수준의 처절한 리얼 극화, 정통 리얼 액션물을 준비 중이다. 성인 극화에서 단계를 한 수 내린 15세급 정통 액션물을 제작해 극화가 주는 진정한 감동을 성인 독자뿐만 아니라 어린 독자들에게도 느끼도록 할 예정이다. 그야말로 지금은 볼 수 없는 정통 리얼 극화를 세대를 뛰어넘어 누구나 즐길 수 있도록 제대로 선보이겠다는 각오이다.

요즘은 스케치업 같은 좋은 프로그램이 많이 나와서 쉽게 그림을 그릴 수 있는 시대가 되었다. 그러나 스케치업의 깔끔한 맛(?)이 우리가 추구하는 초극화에는 영 맞지 않는다. 그래서 우리는 1980~1990년대 극화체 제작 스타일로 만화를 완성해가고 있다. 시간을 충분히 들여서 점 하나하나 찍어나가며 완성해내는 셈이다. 붓, 칫솔, 때 수건, 볼펜 뚜껑 등 온갖 것을 사용해서 뿌리고 찍고 선 그으며 표현하고 있다.

밑바닥 거친 환경은 이처럼 직접 손으로 그려내야 그 맛이 살아난다고 생각한다. 표현된 그림은 더욱 거칠게 보이겠지만, 그렇게 함으로써 탄생하는 작화의 느낌은 더 생생하다. 그 미세한 차이가 지금의 독자들에게는 또 다른 느낌을 줄 수 있을 것이다. 그 느낌이 주류가 되고 우리의 스타일이 트렌드가 된다면, 또다시 극화체가 선호되는 시대가 올 것으로 기대한다. 적어도 옛날 방식을 선호하는 독자들에게 우리의 이런 방식이 분명히 좋은 선물이 될 것이다.

'자아, 이것이 옛날 스타일입니다.'

독자들에게 이렇게 우리 스타일을 내세우며, 뿌듯함을 느끼고 싶다.

물론 우리 화실에는 노인네(?)들의 곡소리가 울려 퍼진다. 지금 나와 우리 화실 원들은 매일 힘들게 만화를 완성해가고 있다. 때론 죽을 것 같지만, 트렌드를 뒤집어엎을 만한 극화를 만들어내기 위해 열정을 불사르고 있다.

준비 중인 작품들을 볼 때마다 가슴이 뛴다. 코 묻은 애들(?) 이야기가 아니라 예전에 내가 추구했던 살벌한 남자들의 이야기, 극화의 연장선에 있는 작품들이기 때문이다. 손이 오글거리고, 닭살을 밀어낼 대패가 필요할진 모르겠지만, 우리 만화들을 보는 독자들도 심장이 두근두근하고 진한 감동에 피눈물을 흘리는 자신을 발견하게 될 것이다. 스토리뿐만 아니라 정교한 데생력으로 무장한 극화 만화는 소년들의 심장도 벌렁벌렁하게 할 것이다. 그 정도로 미칠 듯한 극강의 텐션을 보여주는 작품을 독자들에게 선보이겠다는 각오로 다시 뛰고 있다. 우리 팀은 멈추지 않고 계속해서 도전해 나갈 계획이다.

웹툰계 모두 긴장해야 할 것이라고 감히 말하겠다. 다시 극화가 트렌드가 되고, 진짜 살벌한 극화를 그리는 만화가들이 다시 세상에 나오는 순간 웹툰계의 초식동물들은 모조리 물어뜯길 것이다. 마치 『마계대전』의 폭룡이 필살기 그레이트 드라슈렛으로 적들을 모조리 쓸어버리듯이….

그때, 극화 만화가들은 독자들에게 당당히 외칠 것이다.

"내 그림을 봐라!
이것이 내 근성이다!
내 열정이다!"

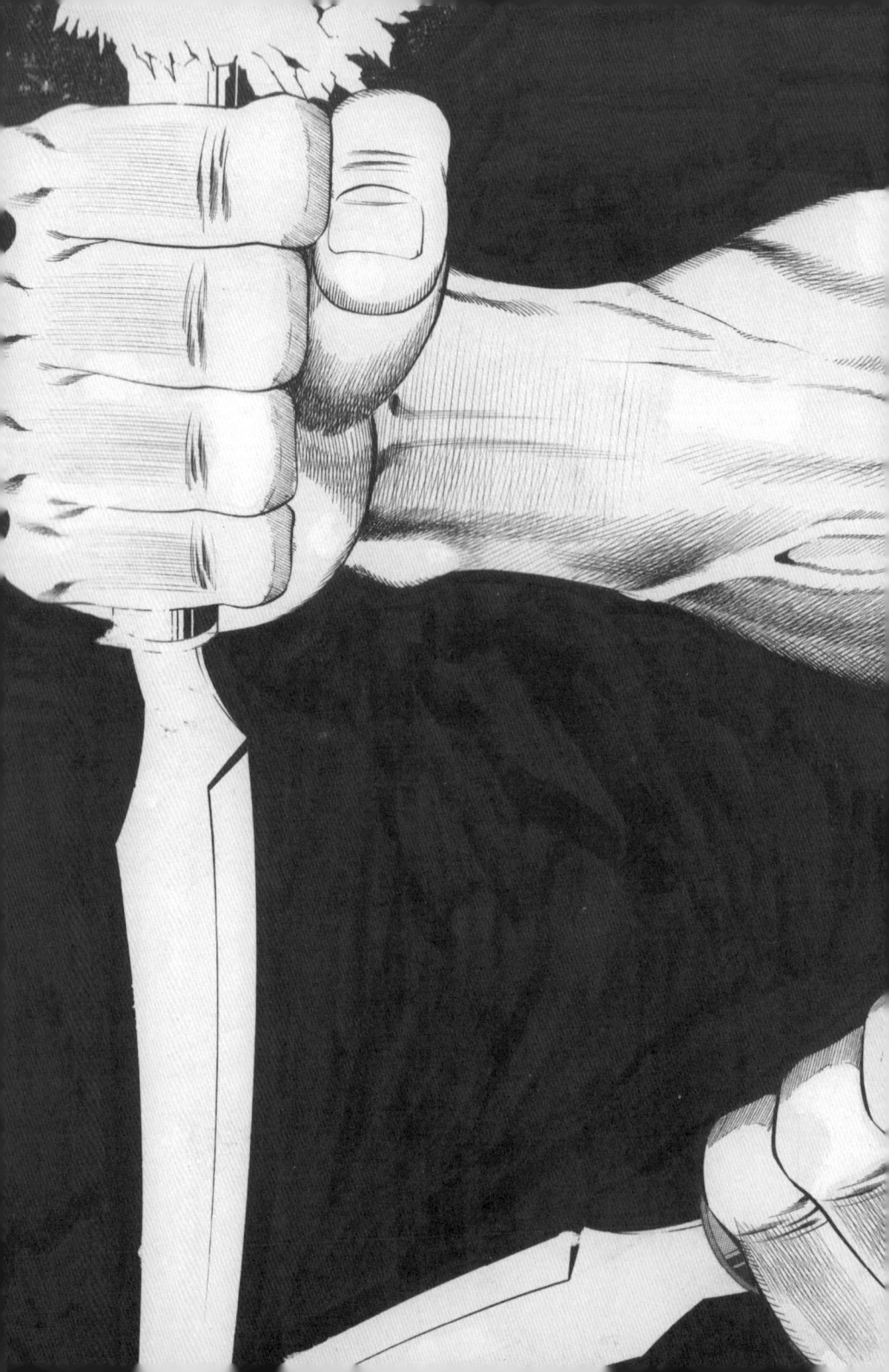

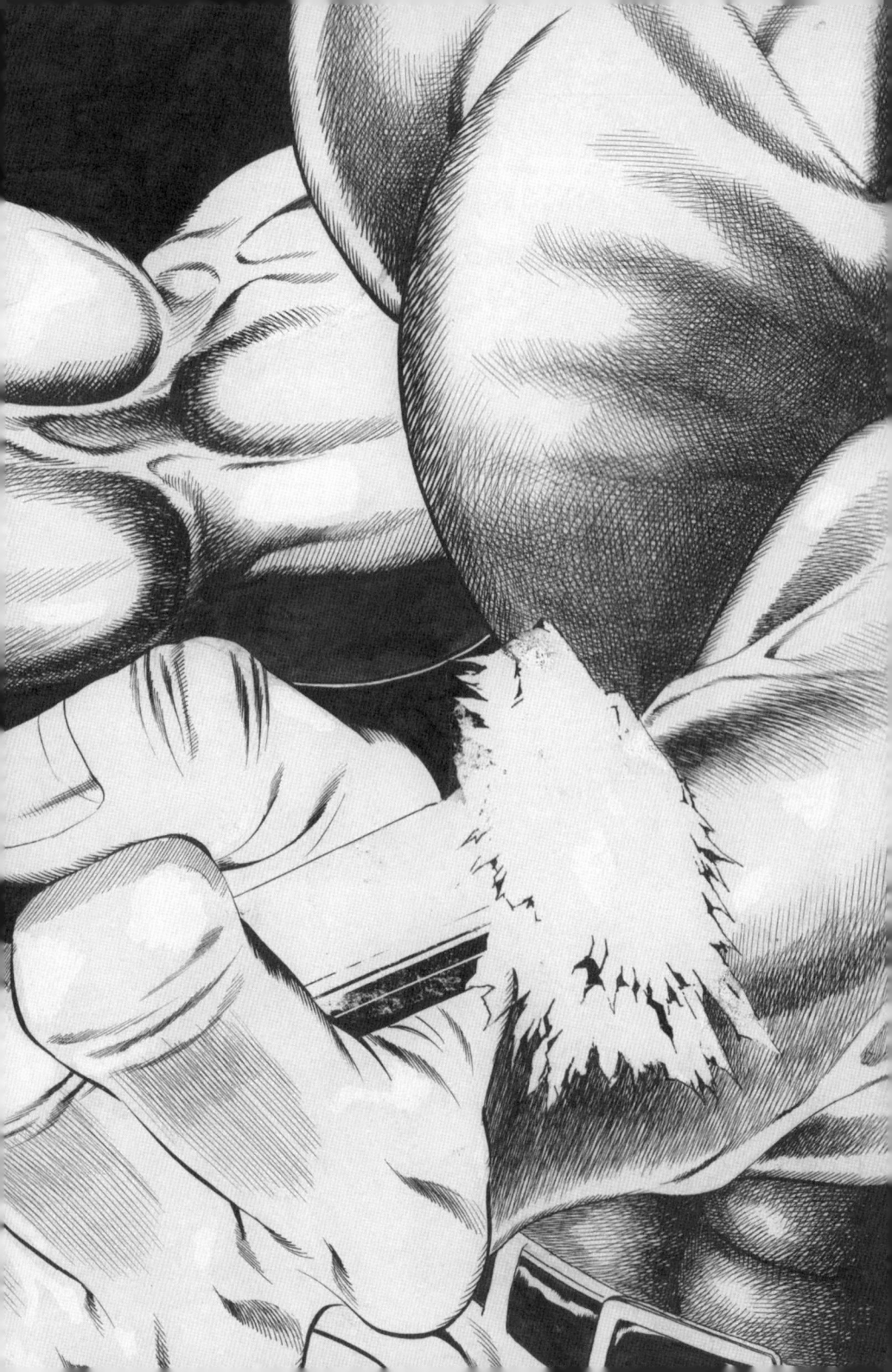

극화체로 그린 그림들

극화식 폭력, 액션 장면 연출법

『인간대전』의 액션 연출 장면

기본 명제는 일단 '**크게 그려라**'이다.

잘 이해하지 못하는 사람들이 많은데, 처음에는 크게 해서 봐야 감각이 확장된다.

어차피 독자들은 조그마하게 볼 텐데 무슨 소용이냐며 얘기하는 사람은 하수.

폭력, 액션 장면 그림은 특별한 감각이 반영되어야 한다.

작은 그림의 감각과 큰 그림의 감각은 완전히 다르다.

독자들은 본능적으로 그것을 안다.

두 번째 명제는 '**지면을 펼쳐놓고 통타 장면을 정하는 것에서부터 시작하라**'이다.

인간의 감각은 눈으로 보는 감각이 선봉에 서기 때문에 거기서부터 휘어잡아야 한다.

인체 묘사, 구도, 연출이 조금 떨어져도 통타 장면이 감각적으로 잘 표현된 폭력, 액션 장면 그림은 독자들의 감각을 본능적으로 끌어올려 매력에 빠지게 한다.

이상은 본 작가의 기법이다.

강호에는 나보다 뛰어나고 남다른 감각으로 액션 장면을 멋지게 구사하는 작가가 많다.

단지, 위에서 말한 명제는 기본이라 생각한다.

이십 대 초중반의 나는 콤플렉스 덩어리였다. 짓밟히고 까이는 경험을 수도 없이 했다. 그 경험들은 간혹 나를 도저히 어찌해 볼 수 없는 절망으로 빠트리기도 했지만…, 지금 생각해보면 그 경험이 지금의 나를 만들었다.

20대 중반에 만화계에 데뷔해서 어느덧 50대가 되었다. 그간 만화계의 여러 분야에서 항상 싸워왔다. 지금은 전설이 된 30년 전 천재들인 〈아이큐 점프〉 작가들과도 싸웠고, 단행본 시장에 나와서도 마찬가지였다. 그리고 심지어 15년간 신문에 연재했으나, 만화 연재 분야에서도 대작가들과도 싸워야 했다. 그 싸움들에서 지지 않고 버텨내 지금에 이르렀다.

여전히 도전의 끝은 보이지 않는다. 잡지에서 자리 잡으니 잡지 시장이 망했고, 코믹스에서 자리 잡으니 코믹스 시장이 망했으며, 성인물 시장에서 자리 잡으니 성인물 시장이 망하고, 신문 시장에서 자리 잡으니 신문 시장이 망했다. 이제는 웹툰 시장에서의 성공이라는 또 다른 도전에 나와 우리 조직은 고군분투하고 있다. 웹툰 시장은 또 어떨지 우리는 매일 텐션을 유지하며 작업해내고 있다.

평생 한눈팔지 않고 만화 창작에 항상 새로운 텐션과 기세를 잃지 않으려 발버둥 쳐 왔다. 이젠 지치는 게 사실이다. 무려 30년을 그렇게 살아왔으니…. 딱 40살이 되었을 때는 갑자기 작은 글씨가 안 보이는 노안 현상이 찾아왔다. 그때 처음 병에 관한 공포를 느꼈다. 마치 불치의 병이라도 걸린 양 마음속에 바위가 들어섰다. 그런데 그것은 작은 시작에 불과했다. 지독한 워커홀릭으로 눈은 더욱더 작살났고, 결국 왼쪽 눈은 녹내장, 오른쪽 눈은 녹내장 진행성으로 판정받았다.

다행히 요즘은 수술하지 않아도 약물치료로 현상 유지가 가능하다고 한다. 젊었을 적에는 생각도 해본 적 없는데, 스토리를 쓰고 그림을 그릴 때 반드시 돋보기를 보며 작업해야 하는 상황이 미치도록 불편하다. 문제는 생각만큼 속도가 잘 나지 않는 것이다.

한 글씨 한 글씨, 한 선 한 선, 호흡을 가다듬고 마음을 다스리며 작업해 나간다. 그것은 마치 에베레스트처럼 커다란 산을 잘 갈아 만든 숟가락으로 긁어내는 작업과 같다. 50대에 접어든 이후 완성한 작품들은 이런 과정을 거쳤다.

나이는 중요하지 않다. 오히려 50대가 인생의 빛을 가장 반짝일 나이라고 생각한다. 영화감독이나 소설가는 50대 이상 늦은 나이까지 작품 활동하는 것을 자주 본다. 그 세월 동안 자신이 쌓은 경험을 통해 완성한 작품이 독자들에게 통하는 경우가 많다. 그러나 우리나라 만화계는 상황이 좀 다른 듯하다. 일본은 나이 지긋한 만화 작가들도 활발히 활동한다. 사실 인생이라는 토양에서 무르익어 작품을 만들 수 있는 때가 4~50대라고 생각한다. 그때가 인간에 대해 제대로 알게 되는 나이라고 생각한다. 그러나 우리나라에는 현재까지 활동하는 내 또래의 만화 작가가 거의 없다. 그런 점이 너무 안타깝다. 내가 50대에 접어든 나이에도 이처럼 열정을 불태우고 있는 것은 좋은 본보기가 되려는 것도 그 이유 중 하나이다.

나는 일반 작가들이 겪지 못한 일들을 많이 겪었다. 천장 끝까지 올라가 봤고, 바닥까지 추락도 해보았다. 몇 년 전 벌어진 그 사건 이후 나는 밑바닥에 처박혀서 재기의 칼날을 갈았다. 내 만화 인생의 최대 오점을 안긴 그 사건을 가슴속에 새겨 놓고 언제나 열정을 불살랐다.

나이는 50대를 지나고 있지만, 의지나 근성만 잃지 않는다면 다시 올라갈 수 있다고 생각한다. 그런 생각을 항상 마음속에 품고 새롭게 도전할 각오를 항상 다져왔다. 그리고 마침내 기회가 다시 찾아왔을 때 손에 꼭 쥐고 도전의 장으로 당당히 들어섰다. 그 도전은 현재 진행형이지만, 충분히 가능성을 봤다. 다시 한번 도약해보고자 열심히 최선을 다하고 있다.

인간은 절벽 끝에 매달려 있을 때 가장 전투력이 강해진다고 생각한다. 자신의 수많은 시체(?)를 내려다보며 절망의 끝을 넘고 또 넘어 진짜 끝까지 가보았을 때, 거기에서 올라오는 자기 심장의 신음 같은 울부짖음이 진짜다. 그리고 그것을 믿어야 한다.

그동안의 세월이 나에게 가르쳐준 한 가지 확실한 교훈이 있다.

'버티면 이긴다.'

항상 그랬다. 이러한 마음가짐으로, 지금까지 버틸 수 있었다.

나는 최소 일흔 살까지는 만화를 만들지 않을까, 생각한다. 그래서 50대가 넘은 현재도 항상 새롭게 도전하고 있다. 어차피 인간의 삶이란 도전의 연속이다. 보통 사람들은 자기가 어떤 하나의 성과를 내면 머무르기 마련이다. 만화가도 작품 하나 성공하면 10년, 20년 그대로 간다. 그러나 나는 한 번 성공하고 대박을 쳐도 항상 신작을 내놓아야 하는 작가다. 새로운 것에 도전하지 않고는 견딜 수 없는 사람이다. 지금 내게 중요한 것은 사실 당장 작품 하나 뜨는 것보다 '김성모'라는 이 브랜드가 죽지 않는 것이다. 단지 돈 때문만이 아닌 내 그림, 내 작품이 최고라는 뚜렷한 청사진을 모두에게 보여주고 싶다. 새로운 도전은 그 목적을 이루려는 끊임없는 몸부림이다.

코로나-19로 인하여 세상은 힘들어졌지만, 우리 웹툰 업계는 오히려 수많은 가능성의 파도 속에 놓여 있다. 여러 가지 큰 투자가 이루어지고 다양한 분야에서 역동적인 제안을 받는 상황으로 치닫고 있다. 나 역시 여러 가지 작품 제안과 사업 제안을 받고 있다. 새로운 상승의 흐름에 접어들었고 나에게도 다시 기회가 찾아왔다고 생각한다. 찾아온 기회를 절대 놓치지 않는 것이 내 30년 만화 인생의 철학이다.

나에게는 육식 짐승과도 같은 승부 근성이 있다. 세상 그 누군가 히트작을 냈다는 소식을 접하면 온몸의 피가 역류하며, 질투와 각오를 포함한 온갖 승부에서 이기겠다는 감정이 불꽃처럼 타오른다. 어느 시대건 누가 패권을 쥐고 있다고 하면, 반드시 맞짱을 붙어서 이기겠다는 열정을 불태우게 된다. 그 열정은 언제고, 어떤 상황에도 식지 않는다.

내가 지금까지 만화를 세상에 내놓을 때의 목적은 항상 '천하 제패'였다. 사실 진 적이 많았지만, 그 다짐은 텐션을 최고로 끌어올려 주어 최선을 다하게 한다. 여전히 천하 제패를 이루겠다는 텐션이 온몸을 휩싸고 돈다. 이제 나는 새롭게 다짐해본다. 말랑말랑(?)한 현 웹툰 만화계에 거대한 핵폭탄, 아니 수소폭탄을 하나 투하시켜 보련다!

피가 튀는 심장을 아직도 느껴야 하니, 고생이다.
언제쯤 이 승부의 세계에서 내려와
마음 편하게 삶을 보낼 수 있을까?
언제쯤 진정한 평안을 얻을 수 있을까?
언제쯤 이 대책 없는 승부 근성이 사그라질까?
죽어야 끝날까?
끝이 없는 이 도전은….

> "
> 절망에 기대어 싸우기보다,
> 차라리 분노에 기대어 싸워라.
> 그것만이 한 움큼의 승리에 대한
> 지푸라기 같은 희망이라도 있는 것이다.
> "
>
> — 간나제비 —

『인간대전』의 주인공 간나제비

『인간대전』의 원화

『인간대전』의 4대 크루 에이스 전사들

『인간대전』의 스케치와 채색한 그림

김성모의
근성론

> 항상 손해 본다는 마음가짐으로
> 사람을 대하고 일해라.
> 결코 손해 보지 않았음을
> 시간이 지나면 알게 된다.
> **그것이 인생의 묘미다.**

KIM SUNG MO

SPIRIT

만화계의 선후배 관계는
특별하다

나는 만화계에 입문한 어렸을 적부터 화실 생활을 했다. 그래서인지, 지금도 선배들을 향한 충성심이 강하고 항상 예의를 지키려고 한다. 힘든 시절 함께한 선배를 만나면, 결코 되바라지게 행동하지 않으며, 선배가 이야기하는 과거 무용담을 끝까지 경청한다. 헤어질 땐 반드시 적은 금액이라도 용돈으로 모른 척 주머니에 찔러 넣어 드린다.

코흘리개 만화 습작생 시절의 나를 아는 사람들과 만날 땐 늘 격이 없고 얼굴만 봐도 웃음이 나온다. 서로 옛이야기를 나누며 키득거리며 놀 수 있을 만큼 추억으로 인한 감동이 남다르다. 아직도 몇몇 선배는 나를 'ㅈ밥'이라 놀린다. 그러면서 '기다려라. 나도 곧 올라간다'라고 하며 전의를 불태우는 선배들도 있다. 그런 선배의 열정에 찬 다짐을 들을 때마다 그 큰 근성에 존경심이 샘솟는다. 현실이야 어떻든 선배들을 향한 존중은 절대로 지킨다.

제아무리 잘나가도 어느 날 갑자기 하늘에서 툭 떨어진 후배는 없다. 전부 과거 선배들이 일구어놓은 자리를 기반 삼아 성공한 것이다.

나는 서열과 충성을 강요(?)하는 만화계 화실을 경험한 마지막 세대다. 내가 화실에서 그림을 배울 당시 선배들은 하늘의 별이었다. 그래서 항상 선배들의 말을 거역하지 않았을 뿐만 아니라 잔심부름조차도 군소리 없이 해드렸다.

그때는 만화계뿐만 아니라 사회 전반에 그러한 기류가 깔려 있었다. 대한민국 역사가 그러한 시대를 지나가고 있었다. 사실상 1980~1990년대는 폭력의 시대였다. 특히 군대가 그랬고, 만화계는 군대와 같았다. 그런 만화계 역사를 관

통해온 내 또래들은 잘 알고 있으리라. 나도 후배 시절 그 폭력의 시대를 거쳐 올라왔다. 무조건 충성하는 상명하복의 군대 같은 문화를 경험했다. 솔직히 비합리적이고 부당하다고 여겨 열 받는 상황도 많았다. 하지만 그 강직된 상하 관계가 당시 화실을 굴러가게 했다는 걸 누구도 부정할 수 없을 것이다.

내가 직접 화실을 만들었을 때도 강력한 상명하복의 조직 문화를 갖추었다. 요즘 세상은 그때와 많이 변했지만, 나는 아직 그런 문화가 세상을 돌아가게 하는 데 도움이 된다고 생각한다. 특히 남자들에게는 세상을 살아가는 데 원동력이 되는 문화라는 생각에 변함이 없다.

그러한 문화를 조직에 심고 유지하는 데 중요한 것은 폭력을 철저히 금하는 것이다. 폭력은 어느 때고 정당화될 수 없고, 오히려 조직의 융합에 해를 끼친다. 나는 어느 정도 선배의 위치가 되어가면서 절대 무의미한 자기만족의 폭력 따위는 행사하지 않으리라 다짐했다. 그리고 지금도 언제나 그 다짐대로 지키고 있다. 조직 문화는 과거의 것을 받아들이되, 부당함과 그로 인한 폭력은 배제하려고 항상 노력한다. 시대는 변했다. 그리고 상명하복의 조직 문화 속에서도 충분히 대화와 타협으로 어떤 일이든 협력할 수 있음을 기억해야 한다.

물론 선배의 자격도 분명히 있다. 일단 후배들에게 격의 없이 재밌는 사람으로 다가서야 한다. 큰 성공은 못 했더라도 정이 담긴 한마디 말, 힘이 듬뿍 담긴 선배들의 격려는 후배들에게 큰 힘이 된다. 물론 대놓고 되바라지게 노는 후배들을 감싸 안을 필요는 없다. 그리고 잘나가는 후배들의 뒷담화나 까고 다니는 거지 같은 선배가 되어서는 안 된다. 물론 그런 선배들이 없진 않다.

1980~1990년대 당시 만화계에도 단지 상명하복만 있었던 것은 아니다. 한 꺼풀 들춰내면 그 안에 서로를 위하는 따뜻하고 진솔한 마음이 있었다. 그랬기에 지금 어느 정도 그때의 문화를 따르는 것이다. 원고가 끝난 후 선배들이 건네는 따뜻한 격려는 모든 고통을 없애주었다. 그리고 우르르 어딘가로 몰려가 밤이 지새도록 얘기 나눴던 만화 이야기는 선후배 간의 끈끈함을 느끼도록 했다. 그런 분위기 속에서 선배들을 향한 존경심은 커져만 갔다. 간혹 그 시절이 그리울 때가 있다.

요즘 살갑게 대하는 후배가 많다. 나도 심지어 '골때리는 선배'라는 말을 들을 만큼 후배들에게 살갑게 대한다. 재밌고 골때리는 선배로서 그들을 대할 때가 좋다. 후배들과도 같이 웃고 떠들 때 정도 더욱 쌓이는 것 같다.

나도 항상 후배들에게 힘이 되는 이야기를 해준다.

"이거(만화) 오래 할 짓 아니다.
후딱 한탕 크게 먹고 튀어라!"

오해하지 마라. 이 말은 '히트 쳐라!'라는 의미의 장난으로 건네는 가장 현실적인 말이다.

소중한 1990년대 후반의 기록

만화가의 근성

부천만화영상진흥원에 상주하며 10년간 단 한 번도, 한 푼도 나랏돈을 받아본 적이 없다. 지원사업을 통해서든 그 외 어떤 것을 통해서든 무엇 하나 받아본 적이 없고 단 한 번도 신청한 적이 없다. 나 스스로 신청할 마음이 들지 않았다. 자랑은 아니지만, 나는 어느 정도 경제적으로 안정되어 있기도 하고 혹시 자금이 부족하면 얼마든지 지원해줄 수 있는 업계의 혈맹 동생들이 내 주변에 수두룩하다.

누군가는 바보 같다 하고, 누군가는 너무 한다고 얘기한다. 그러나 나랏돈 받는 지원은 나보다 힘든 신인 작가라든가, 경제적으로 어려운 작가가 받아야 한다고 생각한다. 그렇게 해서 작품 제작에 도움이 되어야 한다고 생각한다. 나도 참혹하고, 처참한 신인 시절을 겪었기에 그러한 지원이 얼마나 그들에게 필요할지 잘 안다.

칭찬받고 싶고, 자랑하려고 이런 글을 쓰는 것이 아니다. 나는 명확하게 그것이 나처럼 지명도 있고, 작품 제작하는 데 애로사항이 없는 작가들이 취해야 할 자세라고 생각한다. 그리고 그래도 먹고살 만한 선배로서 어려운 후배에게 해줄 최소한의 도움이라고 생각한다.

다른 한편으로 만화 판을 보면서 화나는 게 있다. 내 또래 만화가들이 자꾸 현역에서 슬금슬금 빠지고 사업적으로 돌거나, '후배 양성' 등 김밥 옆구리 터지는 소리나 하면서 몸을 움츠리는 거다.

나는 내 또래 작가들이 작품을 창작하는 데 더 노력했으면 좋겠다. 만화 시장을 이끌 만한 그림체나 스토리를 새롭게 발굴하는 역할을 내 또래 작가들이 해주었으면 한다. 물론 내 또래 정도 되면, 혈압, 당뇨, 고지혈증 등 온갖 질병에 시달리게 된다는 건 나도 잘 안다. 하지만 요즘에 약이 워낙 좋아서 사람 그렇게 쉽게 죽지 않는다.

아니, 나이 오십이면 한창 일할 때 아닌가! 매일 약을 한 주먹씩 먹는 한이 있어도 현역에서 만화계를 이끌어야 할 나이라고 생각한다. 사업이 아니라 만화 작가로서 돈 빵빵하게 벌고, 부귀영화 누리는 걸 후배들한테 보여줘야, 후배들도 정신 차리고 더 열심히 할 것 아닌가?

요즘 본격적으로 네이버웹툰 연재를 진행하면서 진짜 외로움을 느낀다. 아직 우리 영감 아니다. 내 또래 작가들이 좀 더 활발히 신작 연재를 하게 되기를 빈다. 그것이 후배를 위한 진정한 선배의 역할이다.

2021년 5월 4일

10년간 재고가 쌓인 창고를 간만에 정리하며
뭉클한 기분이 든다.
비도 오고 우울해서, 술이나 한잔하고 싶은데
콜라 마시고 끝….

이제는 점점 역사 속으로
사라지는 종이 단행본 만화

나에게는 만화 스토리 분야의 우상이 한 분 계신다. 바로 양광필 선생님이시다. 일반 사람에게 유명한 분은 아니지만, 업계에서 아는 사람은 다 아는 분이시다. 예전에 코믹스에서 성인물로 넘어올 때 성인 극화의 깊이 있고, 처절한 스토리 창작에 감각을 일깨워주신 분이다. 끊임없이 내게 영감을 주신 업계 스토리의 대가이시다.

그분을 처음 대면할 때부터 막강한(?) 남자라는 것을 직감했다. 그리고 나에게 많은 훈련을 시켜주셨다. 그 훈련 덕분에 『용주골』, 『대털』, 『빨판』, 『조폭 아가씨』 등등 성인 히트작들을 줄줄이 발표할 수 있었다. 나에게는 정말 은인 같은 분이다. 양 선생님과 함께 인간의 처절한 스토리들을 이야기 나누다 보면, 나도 모르게 수컷 짐승의 DNA가 심장에서 폭발하는 것을 느낀다.

참으로 나는 인복이 많은 것 같다. 조만간 아예 화실로 모셔서 더 강력한 영감을 작업하는 내내 받고 싶다.

"건강하세요, 선생님!
같이 천하 통일하셔야죠!"

아울러 내게는 평생의 스승이 있다. 바로 이현세 선생님이다. 나는 먼 옛날 어린 시절 국민학교 6학년 때부터 이현세 선생님의 광팬이었다. 내 만화의 모든 감성은 선생님 작품에서 영감을 받은 것이다. 심지어 이현세 선생님의 만화는 내가 만화가가 되었던 이유의 80% 이상 지분을 차지한다. 그래서 선생님 앞에 서면 언제나 어렵고, 가슴이 두근두근한다. 혹시나 실수하지 않을지 진땀이 나게 하는 분이시다.

비록 실력이 미천하여 선생님의 본 팀에는 들어갈 수 없었지만, 나는 선생님 만화 제작의 배경맨이었던 적이 있다. 그때 주변에 자랑스럽게 얘기했었다.

"나 이현세 선생님의 배경맨이라고!"

이현세 선생님이 다시 신작을 내놓으실 계획이라는 말을 들었을 때, 가슴이 뭉클해지고 매어오는 마음을 숨길 수가 없었다. 선생님은 내가 머리가 하얘진 반백 년의 나이가 된 지금에도 신작을 기대하게 하시는 작가이기 때문이다.

그 먼 옛날 코흘리개 애송이가 선생님의 만화를 보려고

하교하자마자 만화방으로 달려갔던 그 흥분을 지금도 느끼고 있다. 내가 평생 만화로 부귀영화 누리게 해주었던 은인 중 최고는 단연 이현세 선생님이다.

  나는 안다. 이현세 선생님의 아성을 넘을 작가는 현재까지 아무도 없다. 모두가 뛰어넘으려 노력했지만, 누구도 넘을 수 없었다.

  네이버웹툰에 다시 연재하게 되었을 때 이현세 선생님에게 연락드려 보고했다. "월, 화, 수, 목, 금 연재하는 미친 놈(?)이 너였구나"라고 하시면서 응원해주셨다. 예전 안 좋은 일로 네이버웹툰에서 하차할 때 가장 안타까워하시던 분도 이현세 사부님이셨다.

  내 나이도 오십이 넘었는데 항상 통화하면, 천방지축, 물가에 내놓은 아이 보듯 걱정하신다. 일 년에 한두 번도 찾아뵙지 못하니 너무 뵙고 싶고 아쉬워서, '혹시 행사나 모임 있으면, 저도 무조건 좀 불러주십시오'라고 간청드렸다.

  인간은 마음의 고향이 필요하다. 내 만화 인생, 마음의 고향은 언제나 이현세 사부님이시다.

  현재 이현세 선생님은 네이버웹툰에서 『늑대처럼 홀로』

라는 신작을 발표해 연재 중이시다. 일흔 살을 앞둔 연세에도 열정을 불태우시는 선생님의 근성에 나는 감복할 수밖에 없다.

나는 진심으로 천하에 외치고 싶다.

"이현세 만세!!!"

2022년 3월 8일

저녁 식사 무렵, 사부이신 이현세 선생님으로부터 전화가 왔다.

"성모야, 너 일민이랑 일 잘하고 있다며?"
"아 네, 선생님."
"김일민이가 그렇게 일하는 건 뉴스 날 일이다. 어떻게 너랑 그렇게 일을 잘하냐?"
"제가 새까만 후배라서 잘 모시면서 하고 있습니다."
"대단하다. 장하다, 김성모!"

존경하는 이현세 선생님과 함께

요즘 작가들은 잘 모르겠지만,
우리나라 만화계에는 그림의 천재들이 존재한다.
김일민, 김명학, 김성재 등등.
그림 하나로만 붙는다면 절대로 쉽게 이길 수 있는
존재들이 아니다. 아마 연식(?)이 있는
작가들은 지금 이 세 명의 이름 정도는 만화계에서
그 명성을 들어보았을 것이다.
천하의 극화체 작가들이 즐비한 일본이나 미국 작가들과
그림으로 맞붙어도 절대로 꿇리지 않을 대가들.
나의 하늘에 떠 있는 별과 같은 대선배들이라서
나는 언제나 이분들을 극진히 대우하며,
천하 제패의 교두보로 삼는다.
내가 정말로 운이 좋고 복이 많은 것은
이 세 명의 그림 대가들이 전부
우리 화실에 있다는 것이다.
그중에서도 김일민 형님의 전투력은 가히 상상 초월이다.
언젠가 한 번은 또다시 기회가 온다.
그리고 그 기회가 왔을 때 폭발시킬 수 있는 것은
그 누구도 따라오기 힘든 초극화체가 일으키는 전율이다.
그래서 그 한 방을 위해서 우리 화실, 우리 조직은
똘똘 뭉쳐 버티는 것이다.
근성! 천하 제패!!!

(나까지 포함, 이들 모두는 이현세파 출신이다.)

2021년 3월 19일

『강가딘』, 『소년 007』을 그리신 김삼 선생님이
13일(2021년 3월) 돌아가셨단다.
내 어린 시절의 영웅들이 한 분 한 분 가신다.
이럴 때마다 후회가 몰려온다.
살아계셨을 때 단 한 번이라도
나를 만화가의 길로 이끌었던
영웅들과 한마디 말이라도 나누고,
잠깐이나마 대면했었더라면….
예전, 『독고탁』을 그리신 이상무 선생님이
돌아가셨을 때도 탄식과 후회를 엄청 했었는데.
또 그러하다.
슬프다.
선배님들이 계셔서 지금의 우리가 있는 것이다.
삼가 고인의 명복을 빕니다.

김성모의
근성론

> "
> 강철 같은 심장과
> 서릿발 같은 눈빛으로
> 자신을 지켜라.
> **무언가에 의존하는 순간 노예가 된다.**
> "

KIM SUNG MO

SPIRIT

팬과 독자는 누구나 소중하다

만화가에게는 언제나 광팬과 안티 팬이 공존한다. 나에게도 마찬가지다. 당연히 광팬들의 찬사(?)에는 감사하다고 표현하고, 안티 팬들에게도 언제나 고개를 숙이며 더 잘하겠다고 얘기한다. 조금 심하다 싶게 대해도 단 한 번도 원망하지 않았다.

30년 가까이 작가로서 살아가는 동안, 독자들과는 단 한 번도 싸워본 적이 없다. 억울해도 참았고 상대가 무례하게 대해도 웃었다. 끈질기든 잔머리를 쓰든 웬만하면 받아주었고, 강하든 약하든 공격해와도 고개 숙였다. 어떤 경로로 비난받아도 항상 겸손한 모습을 보이려고 노력했다.

'제가 못나서 잘못한 겁니다, 능력 미달입니다.
더 열심히 해보겠습니다, 죄송합니다.'

항상 이런 태도로 임했다. 나쁜 말을 하는 독자에게도 항상 이렇게 답하였고, 또 실제로도 그런 마음이었다.
독자는 이길 수 있는 상대가 아니다. 절대 싸워서는 안 되는, 작가에겐 신과 같은 존재다. 그들은 사실 나를 누구보다도 사랑하는 존재들이다. 내가 위기에 빠졌을 때 천만 군대를 이끌고 와 구해줄 유일한 존재들이라 생각한다. 난 그렇게 배웠다.
그렇게 모든 팬을 대하는 이유는 간단하고 명확하다. 광팬이든 안티 팬이든 모두가 내 만화를 보고 이야기하는 독자이기 때문이다. 작가에게 최고의 영예는 끝없는 독자들의 관심이다. 그 관심 덕분에 쌀을 사고, 자식들 학교 보내고, 자동차에 기름 넣고, 담배 한 갑이라도 사서 피울 수 있는 것이다. 독자가 조물주다. 난 평생 이런 정신을 바탕으로 살았다.

간혹 화실로 팬들이 무작정 찾아오시는 일도 있다. 단언하건대, 단 한 번도 소홀히 대한 적이 없다. 아무리 바빠도 커피 한 잔 내오고 사인하며, 사진도 찍어드린다. 그리고 뜨거운 피를(?) 서로 느끼는 짧은 대화의 시간도 가진다.

난 미신을 믿는다. 혹시라도 산신령님이 내 진심을 알아보고자 사람으로 둔갑하셔서 날 시험해 보는 걸지도 모른다는 생각이 들어 더더욱 팬, 독자들을 함부로 대할 수 없다.

최근에 팬들이 새로 만들어서 불러주는 나의 별명 중에 '만신'이라는 것이 있다. 그 뜻은 '만화의 신'이라는 것이다. 물론 날 희화한 것이고 재미로 그렇게 부른다는 것은 알지만, 조금 부끄럽다. 그리고 가끔 선생님, 선배, 동료, 후배 작가들을 만나 얘기할 때 민망스러운 상황이 발생한다. 만화 좀 많이 발표하고, 히트작 몇 개 냈다고 해서 그런 칭호를 받는 게 참으로 부끄럽다. 또 진정한 의도로 그렇게 불리는 게 아니라는 것도 알지만, 이미 확정된 별명 자체에서 오는 업계 동료들의 불편함이 분명히 있을 것이다.

솔직히 부끄러움을 넘어 민망하기까지 하다. 만화의 신이라니…. 그런 명칭은 재미든, 진심이든 함부로 불리는 게 아니기 때문이다. 차라리 '근성 있는 작가'라는 뜻으로, '근신' 정도가 어떨까? 분명히 내 근성은 누구나 알아주니까….

───

 일반적으로, 유명인의 사인회라고 하면, 단순히 사인만 해주고 끝내도 팬들은 만족한다. 하지만 만화가들의 사인회는 다르다.
 '반드시'라고 할까, 작가는 중압감을 느낀다. 팬들은 사인뿐만 아닌 다른 뭔가를 기대하기 때문이다. 특히 팬들이 기대하는 것은 바로 그림이다. 만화가의 사인은 그림이 들어가야 제맛이 나는 게 사실이다. 하지만 그것은 만화가에게 엄청난 고역이다. 수십 명도 아니고 수백 명씩 몰려드는 팬들에게 일일이 사인하고 그림을 그려서 주어야 하니 말이다. 내 경우엔 사진까지 같이 찍어준다. 정말 엄청난 체력과 인내가 필요한 일이다. 얼마 전에 진행한 사인회도 그랬다. 퉁퉁 손목은 부었고, 다리는 후들거렸다. 하지만 끝까지 해냈고 집에 와선 바로 쓰러졌다.

어떤 작가는 나에게 사인과 그림을 단순화하라고 조언한다. 하지만 난 극화 작가다. 내 팬들은 내가 제대로 그린 사인, 극화 그림을 영원히 보관할 것이다. 그걸 알기에 유치원생이나 초등학생이 사인을 요청해도 진지하게 극화로 그림을 그려주고 사인도 정성껏 해준다. 그것이 나를 만화로 밥 먹게 해주는 팬들에게 보답하는 것 중 제일 소소한 일이라 생각한다.

나는 어느 때라도 반드시 한 장 한 장 정성껏 사인해드리고, 그림을 그려서 나를 사랑하는 팬들께 보답할 것이다. 그게 나다운 일이고, 내가 늘 주창하는 '근성'을 따르는 길이다.

―――

팬과 독자들에게는 언제나 감사함을 느끼지만, 그것과는 별

개로 저작권에 관한 이야기를 좀 해야 할 때라고 생각한다.

　사실 독자나 팬들이 좋아하는 작가의 그림을 개인적으로 사용하는 것은 일종의 애정 표현이라고 생각한다. 하지만 관대한 용인이 점차 변질되어 만화계에 해를 끼치는 상황까지 왔고 이제는 두고 볼 수만은 없게 되었다.

　많은 분이 기억하겠지만, 17~18년 전부터 저작권 관련 무차별 고소가 진행됐다. 인터넷에 뿌려진 사진이나 그림들에 관해 작가들이 법무법인들과 결탁해 고소를 남발했다. 그러면서 작가와 법무법인들은 짭짤한 수익을 챙겼다.

　그 당시 내 그림들은 최고의 인터넷 스타(?)였다. 그래서 여기저기 무분별하게 쓰였다. 당연히 법무법인들은 내게도 손을 뻗쳤고 달콤한 제안을 해왔다. 하지만 나는 단칼에 거절했고, 오히려 대중에게 내 그림을 마음껏 쓰라고 이야기했다. 왜냐하면, 내 그림을 쓰는 사람들 대부분은 내 만화를 좋아하는 중, 고등학생 코흘리개 소년들이었기 때문이다. 그들을 고소하는 것은, 결국 아이들의 부모들에게서 돈을 뜯는 것과 같다고 생각했다. 눈앞의 큰돈이 보였지만, 내 만화를 좋아하는 아이들의 부모에게서 고름을 짜내게 하고 싶지는 않았다. 그까짓 돈 내가 더 열심히 해서 벌면

된다고 생각하며 넘어갔다.

  그런데 이렇게 독자들에게 마음껏 내 그림을 사용하도록 했더니 악용하는 사례가 늘었다. 요즘은 각종 기업과 매체에서 무분별하게 내 그림들을 단 한마디 말도 없이 도용하고 있다. 나는 이러한 무분별한 사용에 이제는 분노해야 할 때라고 생각한다.

  앞으로 저작권을 무시하고 상업적인 용도로 내 그림을 무단 사용할 시 일반적인 금액의 10배를 청구하려고 한다. 그리고 만화계에 공론화시키고 법적으로도 끝까지 조처를 취해서 개망신(?)당하게 하려고 한다. 내 그림들이 필요하면 정당하게 연락해서 계약하고 쓰기를 바란다. 내가 무리한 요구를 하는 것도 아니다.

  나도 내 그림들이 우리 사회에서 하나의 문화가 되는 것이 뿌듯하다. 하지만 작가의 저작권이 인정받고 대우받는 세상이 되는 게 훨씬 더 중요하고, 정의로운 일이라고 생각한다. 나도 앞으로 그런 세상이 되도록 노력할 것이다. 그리고 그러한 세상 속에서 더 좋은 작품이 나올 수 있다고 생각한다. 만화가로서 독자에게 주는 최고의 보상은 좋은 작품일 테니.

예나 지금이나 만화 콘텐츠의 위력은 굉장하다. 만화의 매력은 마약과 같다. 한번 빠져들면 헤어 나올 수 없다. 옛날에 한 작가의 만화에 빠지면, 만화방에 온종일 처박혀서 그 작가의 모든 만화를 빌려 쌓아놓고 읽었던 적이 내 또래라면 누구나 있을 것이다. 나도 그랬고 웹툰이 없기 전 세대인 이 글을 읽는 독자 여러분도 마찬가지일 것이다. 재미있는 다른 놀거리를 포기해서라도 읽지 않고는 배길 수 없도록 하는 게 만화의 매력이다. 사실 웹툰이 대세가 된 지금도 장소만 다르지, 별 차이가 없다.

지금 우리는 유튜브에 우리의 만화를 올려놓았다. 시대가 달라진 만큼 그 변화에 맞춰 새로운 것을 시도해보려는 노력에서 이 같은 서비스를 진행해본 것이다. 이러한 시도 역시 만화만의 매력을 고려한 기획에서 출발했다. 그런데 우리는 이 도전에서 중요한 걸 확인했다.

유튜브를 통해 만화를 읽는 구독자들은 다른 영상 콘텐츠 구독자들과 많이 다르다는 걸 확인하고 있다. 우리 유튜브 채널 구독자들도 일반 다른 채널 구독자들과 태생부터 다른 구독자들임을 알고 있다. 이들은 그야말로 진성 독자들이라고 할 수 있다. 이들은 유튜브에 올려놓은 만화를 한번 읽기 시작하면 중간에 끊는 법 없이 끝까지 정독한다. 분량만 충분하다면 한 시간 이상이라도 끝까지 읽을, 아니 시청할 독자들이다. 일반 영상 시청자들의 평균 시청 시간은 3분 정도라고 하는데, 우리 만화를 보는 구독자들은 평균 시청 시간을 훌쩍 넘어 대게 만화가 끝날 때까지 시청한다. 그리고 구독자 수 대비 시청자 수 전환율도 다른 콘텐츠와 차이가 크다는 걸 데이터로 확인하고 있다. 예를 들어, 구독자 수가 100만인데 영상 하나의 조회수는 5만 정도밖에 안 되는 경우도 있다고 들었다. 그렇다면, 구독자 수 대비 실제 조회수 비율이 5% 수준밖에 되지 않는 것이다. 우리 채널 구독자의 100%가량이 우리 작품을 봐주고 있으니, 전환율만 보면 상상 초월이다.

현재는 우리 유튜브 채널의 구독자 수가 많지는 않지만, 구독자 대부분이 우리 채널에 찾아와 만화를 읽고 시청하고 있다. 구독자 숫자가 서서히 늘어난다 해도 다른 유튜브 채널과는 상황이 다를 것으로 기대한다. 왜냐하면, 우리 유튜브 채널의 구독자들은 대부분 찾아와 만화를 읽으려는 진짜 독자들일 것이기 때문이다. 그들은 진짜 우리 만화를 좋아하는 독자들일 것이다. 구독자 수가 10만, 50만, 100만으로 늘어난다면 조회수도 비례해서 증가할 거라고 기대한다. 그렇게만 된다면, 엄청난 수치일 것이다. 이런 상황을 보면서, 만화 콘텐츠가 다른 콘텐츠와 차원이 다르다는 사실을 확인하고 있다. 그야말로 만화 콘텐츠의 강력한 위력을 여기서도 다시 한번 실감한다.

이것은 사실 유튜브를 처음 시작하기 전에 예상했던 일이다. 중요한 건 우리가 계속 구독자들을 만족시킬 수 있는 찐득찐득한 최강의 극화를 발표하는 것이다. 요즘은 만화뿐만 아니라 다양한 콘텐츠를 기획해서 유튜브에 올리고 있다. 현재 김성모 화실(카르만)에서는 다양한 사업을 추진하고 있는데, 각각의 진행 상황이나 나의 일상 모습 등을 편집해 올리고 있다. 트렌드에 맞춰 다양한 기획을 시도해보려는 생각에서 도전하고 있는 것이다.

유튜브에 올릴 영상을 만드는 건 피곤하고 힘든 작업이다. 하지만 늘어나는 구독자들은 근성을 불태울 수 있는 원동력이 되어준다.

2021년 6월 13일

누군가가 올려놓았다.
1999년 〈스포츠투데이〉에 연재했던 『스터프 166km』.
망가져 버린 강건마를 데리고 산에서
혹독한 수련을 거치게 한 후
죽은 아버지의 친구가 했던 말.

"네 공은 세계 최강이야!"

얼마나 눈물을 흘리면서 썼던 문장인지.
참혹하게 망가진 현실감 넘치는
만화 속 이 인물들을 창조하기 위해
얼마나 큰 고통을 감내했는지.
다시 보니 그때의 감회가 새롭고
다시금 가슴속에서
붉은 텐션이 끓어오른다!

『스터프 166km』의 한 장면

김성모의 근성론

> **전투에 임할 땐 절대 물러서지 마라.**
> 극히 미세한 흔들림도
> 상대는 귀신같이 안다.
> 뼈가 부서지고,
> 살이 찢어지게 싸워라.

KIM SUNG MO

SPIRIT

후배 만화가들이여, 한 방을 노려라

만화계에 입문하고 작가로 데뷔한 지 약 30년이 됐다. 창작한 만화는 총 약 2,000권, 400개 타이틀에 이르고, 그중 7개 타이틀을 히트 쳤다고 생각한다. 총제작 편수와 비교하면 적은 비율이지만, 적지 않은 작품을 히트 쳤다고 자부한다.

자신의 만화가 대박 났을 때의 감정은 말로 설명할 수 없는 기쁨이다. 어떤 만화가든 대박이 났을 때 느끼는 기분은

같을 것이다. 그런데 대박 작품에 임하는 자세에는 만화가마다 차이가 있다. 크게 두 가지로 나눠 볼 수 있다. 첫 번째는 조용히 작품을 만들며 사람들의 반응에 속으로만 쾌재를 부르는 겸손함(?)을 장착한 부류이고, (대부분이 이런 부류이다) 두 번째는 시작할 때부터 다 때려잡겠다면서(?) 게거품을 물며 극강의 텐션으로 주위의 시선 따위 생각하지 않고 자신의 모든 것을 불태우는 유형이다. 물론 나는 철저한 두 번째 유형이다. 나는 내 작품이 히트 칠 때마다 항상 똑같은 마음가짐과 자세로 임했다.

이처럼 언제나 극강의 텐션을 유지하다 보니 그게 드러나 보이는지 주변에서 심심찮게 다양한 부류의 사람들이 나에게 조언을 구해온다. 그럴 때면 담담히 내가 할 수 있는 이야기를 해준다. 그중 대부분은 아직 작가의 길로 들어서지 못한 지망생들이다. 웹툰 작가가 되고 싶다며 조언을 요청하는 것이다.

나는 일단 하지 말라고 이야기한다. 다른 일을 하라고 조언한다. 그렇게 말하는 이유는 간단하다. 고통스러운 창작자의 길로 들어서기 전에 먼저 따끔한 한 방을 미리 맛보게 하려는 것이다.

그럼에도 작가가 되고야 말겠다는 의지를 가진 사람은 우선 웹툰 작가가 되는 첫 번째 조건을 지녔다고 생각한다. 내 조언을 듣고 다른 일을 선택한다면, 그 사람은 다른 일을 선택하는 것이 좋은 사람이었던 것이다.

만화가의 길은 평생 골수를 파먹는 고통을 이겨내야 하는 길이다. 건강에 치명적일 뿐만 아니라, 생각만큼 큰돈을 벌기도 어렵다. 큰돈을 버는 작가는 극소수이다. 나도 간혹 후회한다. 너무나도 커다란 창작의 산이 온몸을 엄습해와 종종 나를 숨 막히게 하기 때문이다.

이미 작가로서의 길로 접어든 신인 작가들도 가끔 나에게 조언을 구한다. 그런 신인 작가들에게 가장 먼저 물어보는 질문이 있다.

"어떤 작품을 만들고 싶은가?"

대다수가 각자 나름대로 작가로서의 목표를 이야기한다. 그런데 사실 듣고 잘 생각해보면, 그들이 강력히 갈구하는 내면에 숨겨둔 것은 딱 하나다. 바로, 왕창 돈 벌 수 있는 작품, 사실은 그거 하나다. 하지만 그런 작품을 만들어내는 것은 결코 만만치 않다.

겉으로는 수준 높은 작품을 만들고 싶다고 말하지만, 경제적인 어려움은 작가의 발목을 잡는다. 그래서 결국 대중에게 사랑받을 만한 작품을 만들 수밖에 없다. 그게 현실이다. 철저히 작품성까지 내세우면서 독자의 선택을 받으며 부귀영화를 누릴 수 있는 상업 만화를 만드는 것은 무진장 힘든 일이다. 상업 만화에서 버티지 못한 작가들이 선택하는 것이 작가주의 작품이다. (오해 금지)

그렇다면, 히트작을 내는 인기 작가는 고사하고 어떻게 해야 초보 작가의 티를 벗고 안정적인 작가의 길로 들어설 수 있을까? 확실한 방법은 없다고 생각하지만, 조금이나마 도움이 될 수 있겠다 싶어, 내가 30년간 만화가로 살아오며 알게 된 몇 가지를 이야기해보겠다.

1997년, 아직 짧은 경력에 여물지 못한 나의 데생력을 돌파하기 위해 내린 『럭키짱』의 전략은 철저히 스토리에 따른 화면의 느낌만을 독자들에게 제대로 전달하자는 것이었다.

이때는 아무리 잘 그리고 싶어도 한계가 있는 실력이었다. 또래의 그림 천재들에게 얼마나 많은 콤플렉스를 느꼈

던지…. 그 모자람을 하루 20시간 앉아 노력하며, 미쳐버릴 듯한 집중력으로 돌파했다.

그림에 관해 말하라고 한다면, 딱 한 가지만을 이야기하겠다. 어떤 그림체든 상관없다.

'실제 사회 밑바닥 인간들의 눈을 연구해 표현해라.'

그들의 눈에는 절대 인공으로 만들 수 없는 처절한 인생의 깊이가 담겼다. 그 눈을 작품에 담도록 노력해라.

예전, 내 스승님이셨던 이현세 선생님은 까치의 쓸쓸하고 우수에 찬 눈빛을 창조하기 위해 직접 구로공단에 찾아가셨다고 한다. 그 당시 삶의 무게에 찌든 노동자 몇천 명의 눈을 카메라로 찍어와 몇 번이고 들여다보며 연구하셨다. 그렇게 하여 까치의 슬픈 눈을 만들어내신 것이다.

그림은 포기하지 않고 우직하게 그리면 무조건 는다. 나도 그렇게 끊임없이 노력한 끝에 충분히 내세울 만한 그림 실력을 갈고닦을 수 있었다. 문제는 기획과 스토리텔링이다. 그림체를 떠나서, 스토리가 부실하면 절대로 독자의 선택을 받을 수 없다. 하지만 훌륭한 기획과 스토리는 책상 앞에서의 노력만으로는 탄생하지 않는다.

스토리에 관해서도 내가 해줄 수 있는 조언은 한 가지다.

'인간의 슬픔을 드러낼 수 있는 작품을 창작하라.'

만화는 감정을 지닌 인간이 보는 것이다. 이 세상 인간들은 다 사실 외롭고 쓸쓸하다. 겉으로는 행복한 척, 잘나가는 척하지만, 대다수의 인간은 자기 스스로가 밑에서부터 고장 나고 있다는 것을 자각하며 살아간다. 그것을 바탕으로, 내면의 고통과 슬픔을 자극하고 위로해 감동을 줄 수 있는 작품을 만들어 독자에게 선보여라. 폭력물이든, 로맨스든, 개그물이든 장르는 상관없다. 모두 통용된다.

누군가는 이야기한다. 시대가 달라져서 그런 우울한 만화는 외면받을 거라고. 천만의 말씀이다. 제아무리 시대가 변해도 인간의 슬픔은 사라지지 않는다. 아니, 더욱더 깊어질 것이다. 위로받기를 원하는 목마름은 세월이 흐를수록 더욱 강렬해질 것이다. 인간의 슬픔과 고통을 깊이 자극할 작품이 수면 위로 올라오는 시대가 다시 찾아올 것이다.

웹툰을 주로 보는 독자들도 어떤 갈증을 느끼게 될 것이다. 웹툰에서 느끼지 못하는 뭉클함을 안겨주고 가슴이 통타 되어 뇌리에 각인되는 그런 만화를 찾을 수밖에 없을 것이다. 그러니 인간의 슬픔을 얘기해줄 수 있는 진정한 작품을 그려라.

만화가에게 그림 실력과 스토리 구상 능력만큼 중요한 것은 자신만의 독창성이다. 독창성이란, 바로 자신만의 느낌과 방식을 말한다. 독창성을 세우는 것은 어쩌면 다른 어떤 능력보다 중요한지도 모른다. 하지만 요즘은 독창성을 내세우기보다는 트렌드를 좇는 작가들이 더욱더 많아진 듯하다. 최근 웹툰 플랫폼들을 보면, 설익은 작가들의 비슷비슷한 작품들이 난무한다. 특히 그림체에서 개성 없는 작품들이 많이 보인다. 예쁘고 잘생긴 주인공에 깔끔한 그림체의 만화들이 주류라고 하여 거기에 맞춰 좇아가기에 바빠 보인다.

그러나 정확히 현실을 직시해야 한다. 웹툰계에서 똑같은 스타일을 알게 모르게 요구한다고 해서 그것이 다인 줄 알고 따라갔다가 중위권은커녕 대다수가 바닥을 기고 있는 현실 말이다. 작가에게 독창성이 있는지, 작품에 그 독창성이 반영되었는지 독자들은 귀신같이 안다. 네이버웹툰 상위권을 차지하고 있는 작품들을 참고하라. 작가의 개성이 확실한(그림이 좋든 나쁘든) 작품이 대부분이다.

자기만의 그림체와 스토리 전개 스타일 등 독창성을 가지기 위해 노력해라. 플랫폼에서 안 받아 주고, 독자에게 인기도 없고, 자신만의 스타일로 성공할 자신도 없다고? 그래도 계속 자기 것을 찾고 내세워야 한다. 그래야 언젠가 한 방 크게 통할 수 있다. 독자는 그런 작가들에게 어쩔 수 없이 빠지게 되어 있다.

독창성은 만화든, 영화든 이야기를 창조하는 어떤 분야에서나 동일하게 요구되는 능력이다. 그리고 자신만의 독창성으로 명확한 콘셉트와 구성을 세우는 것은 작품을 창작할 때 제일 먼저 해야 하는 일이다.

솔직히 이야기하자면, 나도 최근 네이버웹툰에 연재를 들어가게 되면서 두 가지 딜레마에 빠졌었다.

'시대의 흐름에 따라가는 작품을 할 것이냐,
아니면 시대의 흐름을 거스르고
이끌어갈 만한 작품을 할 것이냐?'

사실 내게는 첫 번째가 더 어렵게 느껴졌다. 나처럼 자신만의 스타일을 확보한 작가에게 시대의 흐름을 따라가는 것으로 결정하는 것은 쉽지 않은 일이다. 그렇게 무리해 트렌드를 따라간다고 해도 인기를 얻는다는 보장은 없기 때문에 많은 고민이 됐다. 물론 두 번째도 쉽지 않다. 자신만의 스타일로 현재 트렌드를 깨고 새로운 주류로 나선다는 건 큰 모험이기 때문이다. 게다가 절대로 어설프면 안 되는 건 물론이고 작가로서의 고집과 아집, 그리고 제작 기간 내내 흔들리지 않는 정신력이 요구된다. 그래야 결국 독자들이 끌려오고 성공의 길로 들어설 수 있다. 그런데 지금까지 나의 만화 인생은 거의 이와 같았다.

내가 내린 결정은 두 가지 방식을 모두 시도해보는 것이었다. 『쇼미더럭키짱』은 박태준 작가의 도움을 받아 시대의 흐름을 따라가 보고, 『인간대전』은 내 방식대로 시대를 역행하는 것으로. 『쇼미더럭키짱』을 읽어본 독자는 알겠지만, 시대의 흐름을 따라간다고 해도 내 기존 작품을 인용한 웹툰이기 때문에 나만의 스타일을 완전히 깬 것은 아니었다. 『쇼미더럭키짱』의 성공은 그래서 더욱더 특별하다. 시대의 흐름을 따라가면서 나만의 독창성을 살리는 시도였고, 또 다른 가능성을 확인할 수 있는 도전이었다. 일면 독창성의 중요성을 새롭게 알게 된 계기이기도 했다.

아울러 작품을 창작하면서 중요한 것은 철저하게 그 작품 전반에 흐르는 특유의 분위기를 창조해내는 것이다. 이것은 말처럼 쉽지 않지만, 작품의 성패를 결정짓는 매우 중요한 것이다. 그 특유의 분위기를 잘 창조해낸다면, 독자나 시청자들을 시작부터 압도할 수 있다. 분위기에 압도당하는 그 감각은 설명할 필요 없이 온몸으로 전해지는 육감 같은 느낌이다. 그러한 작업이 완벽해야 성공하는 작품으로 거듭날 바탕이 마련된다. 그러므로 작품 특유의 분위기를 창조해내는 것은 작품의 성공에 첫 단추라고 할 수 있다.

하지만 이처럼 중요한 독창성을 확보하고 보는 이를 압도할 분위기를 철저히 홀로 탄생시킬 수 있는 천재들은 흔치 않다. 다양한 경험을 쌓는 것은 물론이고, 많은 모방과 습작의 과정을 거치는 등 엄청난 노력을 쏟아 부어야 겨우 완성할 수 있다.

모방은 실력을 늘리는 데 매우 좋은 방법이다. 작가는 모방을 통해 많은 것을 배울 수 있고, 그것은 새로운 것을 창조해내는 기반이 되기도 한다. 그 수천만 번의 모방을 기반으로 노력하면, 마침내 자신만의 분위기나 스타일을 창조해낼 수 있다.

　최근에 대중과 평론가로부터 호평을 받은 넷플릭스 시리즈 〈오징어 게임〉은 모방을 통해 성공한 대표적인 사례라고 말할 수 있다. 사실 〈오징어 게임〉은 철저히 일본 만화 『도박묵시록 카이지』(이하 『카이지』)의 분위기를 대폭 차용한 작품이라고 느꼈다.

　나는 예전에 『드래곤볼』이나, 『슬램덩크』보다 『카이지』가 훨씬 더 강력한 만화라고 생각한다고 밝힌 적이 있다. 작품을 만드는 동종 업계 작가로서 『카이지』의 작가는 특유의 분위기를 만드는 능력이 가히 따라갈 수 없는 신의 경지에 다다랐다고 생각한다. 심지어 그 능력은 나 자신이 과거에 내상(?)을 입었을 정도로 부러운 능력이다.

　이미 발표하여 성공한 작품의 분위기, 스타일 등을 참고하여 새로운 작품을 만드는 것은 훨씬 수월한 일이다. 그런 면에서 솔직히 〈오징어 게임〉은 『카이지』의 아류작이라고 생각할 수밖에 없었다. 『카이지』에 등장하는 '가위바위보' 게임을 '무궁화꽃이 피었습니다' 게임으로 바꾸는 등 그 외의 여러 가지 상황이나 이슈 등을 절묘하게 바꾼 것이 전부 보였기 때문이다. 더 솔직히 말하면, 『카이지』와 비교되어 어설퍼 보이기도 했다. 보는 내내 '진짜는 늘 따로 있다'라는 생각을 지울 수 없었다.

그러나 내가 〈오징어 게임〉을 비판만 하려고 예로 든 것은 아니다. 우리는 이 예를 통해 중요한 것을 한 가지 깨달아야 한다. 최초가 최고가 되는 것이 아니라 후자가 최고가 될 수도 있는 세상이 되었음을 말이다. 모방을 무조건 멀리하고 배척할 것이 아니라 받아들이고 배워서 또 다른 훌륭한 창작물을 내놓는 것도 매우 의미 있는 일이다.

아울러 한 가지, 새겨둬야 할 중요한 것이 있다. 모방에서 얻은 것을 본판으로 그대로 끌어들여서는 안 된다는 것이다. 이것은 여러모로 그림을 그리는 후배들이 헷갈릴 수 있는 사항이다. 모방은 실력을 늘리고 또 다른 작품을 창조하는 힘을 기르는 데 좋은 방법이지만, 모방이 창조를 압도해서는 안 된다. 모방을 통해 독창성을 만들어내고 그것을 바탕으로 새로운 것을 창조해내야 진정한 작가로 거듭날 수 있다.

나도 몇 년 전에 관련해서 큰일을 당한 적이 있다. 그래서 오히려 이 점에 관해 명확히 이야기할 수 있다. 작가라면, 조심하고 또 조심해야 할 일이다. 나는 요즘 연필로 그린 오리지널 데생과 연출을 구상하며 그린 그림을 따로 잘 보관하고 있다. 또다시 같은 일이 벌어져서는 안 되기 때문이며, 혹시 모를 시비(?)를 사전에 방지하기 위함이다.

작가는 자신만의 독창성을 바탕으로, 처음 구상한 것의 50% 이상을 작품에 구현하도록 노력해야 한다. 어느 정도 실력 있는 작가라면 대부분 어떤 이야기를 펼칠 예정인지 구성 단계에서는 누구라도 인정하는 멋진 이야기를 만들어낸다. 하지만 그것을 지면으로 옮기는 작업에서 처음 생각한 느낌을 그대로 살려내는 것은 사실 실력 있는 작가도 쉽지 않다.

작가가 구상한 첫 생각의 50%를 구현해내면 괜찮은 작품이 되고 70% 이상이면 히트 치는 작품이 되며, 80% 이상 넘길 수 있다면 대 히트작이 된다. 『슬램덩크』나 『드래곤볼』 등 세계적으로 인정받는 작품은 90% 이상 처음 구상한 생각을 그대로 구현해낸 작품들이다. 물론 글과 그림, 구성 모두를 말한다. 처음 구상한 생각을 어느 정도 작품에 반영할 수 있게 되었으면, 그 작품이 끝날 때까지 그것을 유지해야 한다. 물론 그렇게 하는 것도 쉽지 않다.

그림 실력과 스토리 구상 능력, 독창성 다음으로 만화가에게 중요한 것은 생산력이다. 나는 이를 전투력이라고도 부른다.

예전 출판 만화가 번성하던 시절에는 15~20권짜리 타이틀을 3~4개월에 걸쳐 제작하면, 보통 1~3권 안에 인기도가 드러나고 그 타이틀의 승패가 결정되었다. 인기가 좋으면 계속 텐션이 유지되었지만, 혹 그 타이틀의 앞날이 안 봐도 훤히 보일 정도로 인기가 없다면 그 뒤의 권수를 제작하는 것은 엄청난 고통이 됐다.

하지만 웹툰은 출판 만화와 사이클이 달라서 조금 더 지켜보고 새롭게 승부를 걸 여유가 있다. 그러니 초회에 인기가 없다고 해서 무작정 포기해서는 안 된다. 전투력만 잃지 않고 새로운 방향을 모색한다면, 흐름은 언제고 바뀔 수 있다. 모든 것은 독자들의 작은 움직임, 손가락에 달렸다. 도전하기 전에는 그 무엇도 성공과 실패를 확인시켜줄 수 없다.

아직 경험 없고 어린 작가들은 알기 어렵겠지만, 오직 신만이 만화 작가에게 히트작이라는 선물을 내려준다. 그만큼 히트작을 만드는 건 쉽지 않은 일이라는 말이다. 그 어려운 히트작을 내놓고 느슨해진다니, 이해할 수 없는 일이다. 중간에 휴재하고 몇 개월 혹은 몇 년 뒤에 다시 그린다고? 그것은 존재 가치를 스스로 깎아 먹는 일이다. 전투력 없는 만화가는 절대로 길게 갈 수 없다.

히트를 친다는 건 자신의 실력을 더욱 향상할 수 있는 절호의 기회이기도 하다. 그런데 그 상황을 스스로 찬다고? 그건 바보 같은 짓이다. 다음에 또다시 히트 칠 수 있다고? 물론 그럴 수도 있겠지만, 그런 패턴대로 했다가는 결국 자멸하고, 언젠가는 분명히 독자들이 떠나게 되어있다.

현재 자신이 살고 경험하는 것이 업계의 모든 것이겠거니 생각하지 말라. 물 들어올 때 노 저어야 한다. 만화가의 수명은 아주 짧다. 잊히는 것도 한순간이다. 그런 작가들을 지금껏 수도 없이 보았다. 어찌 보면 작가들은 세상의 소모품일 뿐이다. 정신을 갉아먹고 사는 직업이라서 더욱 그렇다.

일해라. 죽도록 일해라. 게을러서 못 하는 것이 만화가라는 거 잘 안다. 그러나 핑계 대지 마라. 악착같이 돈 벌고, 충분히 모아놓은 후에도 육체가 터질 듯이 일해라. 사실 밖에 나가 놀아도 별거 없다. 몸 축나고 돈 쓸 일뿐이다. 결혼이라도 하게 된다면, 소중한 가족의 생존을 위해 더 허리띠를 졸라매야 한다. 혼자 산다고 해도 마음 놓아서는 안 된다. 얼마나 거친 세상인 줄 아는가? 노년의 여유는 누구도 보장해주지 않는다.

한 주에 고작 60여 컷 그리는 걸로 엄살떨지 말라. 이웃나라 일본에서는 72살 먹은 노인 작가가 아직도 주간 연재 마감치고 산단다. 하얗게 밤을 새워 이야기 만들어 그리면서 작품을 발표해 독자들에게 즐거움을 주는 것이 우리의 운명이다. 만화가가 되었다면, 이런 삶을 숙명이라고 생각해라. 물론 후배들의 고충과 고통은 잘 안다. 하지만 만화계의 발전을 위해서는 어쩔 수 없다. 작가라면, 불같이 타오르는 심장을 끊임없이 느끼며 살길 바란다.

어느 정도 프로 세계에 비벼볼 수 있는 최소한의 기본기와 독창성에 전투력을 불태울 열정까지 갖추었다면, 그다음 중요한 것은 마음가짐이다. 만화 작가로서 반드시 가져야 할 마음가짐이 있다. 그것은 자신감, 자존감, 혹은 자만감이다.

프로의 세계에 들어서면 온갖 구박과 박해를 비롯한 각종 편견에 찌든 부정적인 말들에 휩싸이게 된다. 그리고 어떤 것이 바른 작품인지 제 나름대로 생각하는 훌륭한 작품에 대한 정의(?)를 가르치려는 인간들로 득시글거린다. (거의 바보들일 확률이 높다.) 조금이라도 거기에 끌려다녀서는 안 된다.

기본기를 쌓는 기간을 지나 만화가라고 할 수 있는 이의 작품은 그 누구도 비난이나 비하하며 평가할 수 없다. 한 작가의 만화는 이 세상에 오직 하나밖에 없는 그 작가 고유의 예술이기 때문이다. 비판도 함부로 해서는 안 된다. 오직 돈 되는 작품인지 아닌지, 그것만으로 작품을 평가할 수 있을 뿐이다. 그것조차도 오롯이 독자의 판단에 따를 뿐이다.

나도 만났을 때 절대로 만화에 관해 함부로 얘기하지 않는 작가가 몇 명 있다. 문정후, 양경일, 양영순, 강도하, 양재현 등등. 이들은 만화 쪽으로는 거의 신의 영역에 있는 작가들로 보면 된다. 요즘의 애송이 작가들이 치기 어린 마음에 쉽게 얘기할 수 있는 수준이 아니라는 것이다. 지금껏 업계에서 몇십만 컷을 그린 작가들이다. 이들에게 만화의 연출이니, 구도니, 스토리니 말하는 것 자체가 웃긴 일이다.

이미 만화계에 한 획을 그은 작가들의 수준을 함부로 말한다니 웃길 뿐이다. 그런 작가들의 작품은 깊게 파고 들어갈수록 자신에게 상처로 돌아오기 일쑤다. 그런데 비판을 쉽게 하고 오히려 가르치겠다고 달려드는 후배들도 있다는 이야기를 들었다. 그걸 아직 알 수도 없는 후배가 남을 비판하다니, 솔직히 충격받았다.

어느 시대든 패권을 잡아본 자만이 남을 비판할 수 있는 것이다. 남의 작품을 말할 자격은 아무나 얻는 게 아니다. 동종 업계의 작가일수록 그 자격은 냉정하다. 잔재주로 잠깐 주목을 받는 것과 패권을 한 번이라도 잡아보는 것은 완전히 다르다. 말하고 싶다면, 입이 근질근질하다면, 존재감을 나타내고 싶다면, 만화계 역사의 단 한 페이지, 한 줄이라도 패권을 잡아봐라. 그러면 오히려 눈앞의 바다가 태평양처럼 넓게 보이며 겸손함도 생길 것이다. 패권을 이미 잡아본 작가는 함부로 남의 작품에 관해 이야기하지 않는다. 그 정도 수준에 이르며 쌓은 겸손함으로 더 신중해지는 것이다.

특히 양영순 작가는 몸에 밴 겸손함으로 항상 나를 감명하게 한다. 같이 늙어가는 처지에 그래도 내가 몇 살 형이라고 항상 나에게 존중의 마음을 보여주는 작가이다. 올해 초에도 먼저 신년 인사차 연락해줬다. 이런저런 덕담을 나누다 보니 처음 만났을 때가 생각났다.

15년 전인가 멋들어진 스포츠카를 끌고 있는 대로 폼 잡고 홍대에 갔었다. 그런데 저 멀리 2백 미터 앞에서 누군가

헐레벌떡 뛰어오는 게 보였다. 그러더니 꾸벅 나에게 인사하는데, 누군지 봤더니 양영순 작가였다. 왜 그리 뛰어오느냐고 했더니, 이렇게 말했다.

"형님이 오셨는데 어찌 멀리서 봤다고
모른 척 걸어오겠습니까."

그 순간 난 양영순 작가를 영원한 혈맹 동생으로 내 심장에 등극시켰다. 죽을 때까지 서로의 우정과 사랑을 잊지 않고 사나이답게 나머지 인생 헤쳐 나가자고 말할 수 있는 몇 안 되는 혈맹 말이다. 그 뒤로 세상 몇 없는 속마음 터놓는 관계가 되었는데, 항상 나이를 먹어도 늙지 않는 외모가 멋진 후배다. 그리고 그 속마음에 머리카락 하나의 불순물도 없는 순수한 진짜 작가라는 것을 나는 잘 안다. 양영순처럼 성공한 작가도 이 정도로 겸손하게 행동한다. 과연 어느 누가 다른 작가와 작품에 관해 함부로 말할 수 있을까?
나는 20대 시절 데뷔한 이후부터 엄청난(?) 공격을 끊임없이 받아왔다. 그림, 글, 무엇하나 인정하는 인간들이 없었다. 모 유명 월간 만화 잡지의 데스크는 '네가 성공하면 내 손에 장을 지진다'라는 막말까지 내게 했다.
 상처받았냐고? 천만의 말씀. 그 말을 듣고 떠오른 생각은 단 하나!

 '만화에 정도가 어디 있어?
 난 내 방식대로 만들고 내 방식대로 성공한다.
 두고 보자, 이 새끼들아.'

 이런 각오를 가슴에 새겼고, 한 맺힌 젊은 심장이 터지도록 노력했다. 이런 자신감과 노력으로 여기까지 올 수 있었다. 그러니 나는 후배들에게 말할 수 있다.

 "후배 작가들이여, 자신만의 가오를 보여라!"

 혹 비난을 받았다고 해도 절대로 자기 그림, 더 나아가 자기 작품에 대한 자신감을 잃어서는 안 된다. 무조건 내 그림, 내 작품이 최고라는 신념으로 뻔뻔해져야 한다. 그래야 자신의 '류'가 형성된다. 항상 '내가 최고다'라고 울부짖어라.
 지금 현실은 추잡할지 몰라도 뭔가 대단한 것을 가진 것처럼 거들먹거려라. 자신의 색깔을 독자에게 명확히 드러내는 것이 오히려 길게 가는 데 유리하다. 작가는 무엇보다 먼저 자기 자신의 자존감을 끌어올린 후 '내 만화는 이거다!'라는 확실한, 가슴 깊이 박힌, 절대 흔들리지 않는 고집과 가오를 잡아 지켜나가야 한다. 이 모든 것을 표현하는 단 하나의 말은 '근성'이다.

앞서 이야기한 모든 것을 갖추었다면, 이제 기본적으로 작가로서 지녀야 할 능력과 자세는 모두 갖추었다고 볼 수 있다. 그런데 이런 것들만 갖추면, 꾸준히 인기를 끌 작가가 될 수 있을까?

만화계에서 오래 종사하고 온갖 작가들을 보다 보니, 한계가 분명한 작가들과 뛰어넘을 수 없는 자신들만의 무기가 확실한 작가들을 구분할 수 있게 되었다. 요즘은 데생력, 연출력, 스토리 창작력 등 모든 것이 완벽에 가까운 작가들을 보기 힘들지만, 독창성이 뛰어난 작가는 여럿 눈에 띈다. 그러나 오랫동안 인기를 유지할 작가와 그렇지 못할 작가의 차이도 명확히 보인다. 약간의 개인기(?)로 잠깐 인기를 얻는 작가와 만화계에 한 획을 긋는 작가는 분명히 결이 다르다.

그림이 서툴고 구성이 어설퍼도 히트를 치는 작가들이 있는 반면, 미려한 그림체를 가진 데다가 구성도 좋은데 독자들의 선택을 받지 못하고 인기를 끌지 못하는 작가들도 있다. 그 차이는 어디에서 벌어지는 것일까? 결국, 딱 한 가지로 귀결된다. 바로 작가로서의 매력이다.

우리가 일반적으로 사회에서 사람을 대할 때와 다르지 않다. 어떤 이는 매력적으로 보이고 어떤 이는 존경의 눈으로 보게 되지만, 반면에 어떤 이는 심지어 그다지 관계를 만들고 싶지 않게 보이기도 한다. 당연히 매력적으로 보이는 사람이 이 사회를 살아가는 데 유리할 것이다. 일반적으로 사람에 따라 다른 느낌을 받듯이, 작가도 먼저 독자들이 매력을 느끼도록 해야 한다. 그런데 일반 사회인이 매력을 어필하는 것과 작가가 매력을 어필하는 것에는 차이가 있다. 작가로서 독자에게 매력을 보여준다는 것은 자신만의 독창적인 그림체와 스토리에 매력을 느끼도록 한다는 의미이다. 인간적인 매력 어필은 그다음이다.

요즘은 만화가들도 다양한 매체에 자주 등장하며, 만화 외의 인간적인 매력으로 인기를 끄는 작가도 적지 않다. 이

말년(현 침착맨)이나 주호민, 기안84, 박태준 같은 작가들이 대표적이다. 나도 영상(TV, 유튜브 등)에 몇 번 출현한 뒤 너무도 알아보는 사람들이 많아 식은땀을 흘린 적이 몇 번 있어서, 이들의 활동 폭을 보면 참 대단하다는 생각마저 든다.

종종 영상에 얼굴을 내비치다 보니 내게도 출연 제의로 방송사에서 적잖이 연락해온다. 항상 거절하지 못해서 어쩌다 보니 출연하고는 하는데, 한 번씩 출연해 정체가 드러날 때마다 곤혹스러운 일이 생긴다. 덕분에 SNS 등 웹 사이트나 지면에 얼굴 사진이 나오는 것과 영상으로 나오는 것은 천지 차이라는 것을 몸소 느끼고 있다. 영상 매체의 위력을 체감하고 있다.

그런데 TV나 각종 매체에 등장하는 만화가들의 화려한 모습에만 집중하여 잘못된 인식이 생긴 것 같다. 만화가 본연의 모습보다 그 영상 속 모습만 드러나는 추세가 엿보인다. 그렇다 보니 신인 작가들뿐만 아니라 많은 작가가 만화가로서 진정한 매력을 먼저 어필하려고 노력하기보다 엉뚱한 방면으로 인기를 끌려는 모습도 종종 보게 된다.

만화가는 만화가의 본분에 충실할 때 그 모습이 가장 보기 좋다. 만화가는 자기 작품 뒤에, 이름 석 자 뒤에 서 있는 것이 가장 이상적이다. 매체에 자주 등장해 인기를 끌고 있는 만화가들도 먼저 만화계에 어느 정도 입지를 세운 작가들임을 잊어서는 안 된다. 그들이 느닷없이 방송에 등장해 인기를 끌게 된 것이 아니라, 먼저 어느 정도 만화계에 자신만의 스타일을 확고히 한 덕분에 방송에 등장할 수 있었던 것임을 인지해야 한다.

자신만의 독창적인 그림체와 스토리 전개 스타일을 독자와 대중에게 잘 어필하는 것도 매우 중요한 능력이다. 아무리 천재적인 작가라고 해도 자신이 창조한 작품의 매력을 제대로 드러내지 못하면, 성공하기 어렵다. 특히 요즘과 같은 웹툰이 대세인 시대에는 더욱더 불가능에 가깝다. 그래서 만화가도 만화 창작뿐만 아니라 다양한 분야에 도전해야 한다. 과거에 자신이 창작한 만화를 들고 신문사와 잡지사를 돌아다녔듯이, 자신의 만화를 대중이 알도록 끝없이 노력하고 끈기 있게 도전해야 한다.

후배들이여, 혹시 나의 도움이 필요하다면 언제든지 찾아와서 물어봐도 좋다. 선배라는 것은 그러한 때 위대한 존재이기 때문…. 책 한 권에 담을 수 없는 방대하고 실감 나는 실질적인 만화계의 현실을 교육해줄 수도 있다. 다만 제대로 알려주려면, 직접 그려서 보여주고 설명해줘야 해서 한두 번 찾아오는 것으로는 안 된다. 시간과 공간이 서로 부족할 것이다. 그래서 나는 어느 정도 도제식 옛날 교육이 필요하다고 생각한다.

영산대학교 웹툰영화학과 특임교수직을 수락했던 것도 그런 의미에서였다. 처음에는 나름대로 아이들을 어떻게 가르칠지 웅장한 계획을 세웠었다. 농축액만을 뽑아내어 빠르고 효과 좋은 작품 생산 교육을 스파르타식으로 해내겠다는 계획이었다. 강력한 주입식 교육으로 끝장을 보려고 했다. 우물쭈물, 질질 늘어지지 않고 빠르게 효과적으로 달달 볶아서 무엇이든 확인 가능한 결과물을 아이들이 뽑아내 성취감을 느끼게 하려고 했다. 아이들 한 명 한 명의 눈을 보며, 현역 프로 작가로서, 30년 내공의 작가로서 진짜 제대로 된 원고를 어떻게 만들어내는지 알려주려고 했다.

그러나 코로나-19의 여파로, 계획대로 할 수 없었다. 대부분 비대면 온라인 수업으로 진행해서 아이들 얼굴 한 번 제대로 볼 수도 없었다. 영상으로 교육하려니 한계가 많았다. 코로나-19의 위협이 잠잠해지면, 다시 아이들 가르치는 데에도 힘을 낼 생각이다. 그것도 선배로서 해야 할 역할이라고 생각한다.

오래전 일이었다. 어떤 선배가 우리 화실 원 중 가능성이 보이는 인재를 빼간 적이 있었다. 나는 그 둘과 인연을 끊어버렸고, 결국 그들 모두 업계에서 바보가 됐다. 얼마 전에는 우리가 발굴해서 키우는 예비 작가에게 주접떠는 후배 기획사가 있다는 소리를 들었다. 뻔히 우리랑 일하는 거 알면서도 왜 그딴 짓을 하는지, 화가 치밀었다. 선배고, 후배고 어디든 꼭 이렇게 업계를 망치는 이들이 있다. 선배, 후배로서의 본분은커녕 인간으로서의 기본조차 갖추지 못한 사람들이 만화계에 있다는 게 한심하다.

신인을 발굴하는 건 쉽지 않은 것은 물론이고, 교육해 키워서 작가라는 위치까지 끌어올리는 데에는 적지 않은 공이 든다. 그걸 아는 사람들이니, 그 같은 짓을 하는 것이겠지. 그렇지만 꼭 그렇게 선후배 간에 나쁜 선례를 만들어야 하는 걸까? 그렇게 해서 업계가 엉망이 되면 본인에게도 좋을 게 없을 텐데 말이다. 한 바닥에서 먹고사는 사람들끼리 꼭 그래야 하나, 싶다.

다른 화실이 키워 놓은 인재를 빼가는 것은 남이 농사 지어놓은 것을 훔치는 것과 같다. 사실상 도둑질이고, 아니 그보다 더한 범죄라고 할 수 있다. 아무리 뛰어난 작가든, 영향력 있는 기획사든 만화계에 독이 될 뿐이다. 만화계의 발전을 위해서 그들은 없어지는 게 낫다.

이제 선배의 위치에 있다 보니 업계의 미래를 더 생각하게 된다. 그런 의미에서도 내 또래 다른 만화가들이 활동하지 않는 현실이 아쉽다. 함께 선배의 위치에서 뜻을 모아 만화계를 이끌어갈 동료들이 다시 작품을 창작하고 활동하게 되길 바란다.

나는 만화가로서 30년의 인생을 살아왔다. 여전히 고군분투하고 있는 삶을 살고 있지만, 이제 만화계 대선배의 위치에 서게 된 작가로서 짧으나마 그동안 내가 쌓은 노하우를 이야기해보았다.

마지막으로, 후배들에게 해줄 말이 있다.

"끝까지 버텨, 한 방을 노려라!
인생은 한 방, 우리 만화계도 한 방이다!"

2021년 10월 8일

오늘 만화 관련 다큐멘터리 녹화 마지막에
KBS 장민구 PD가 내게 물었다.

"앞으로의 계획은 무엇입니까?"

1초도 생각하지 않고 대답했다.

"'천하 제패'입니다.
대한민국을 넘어 전 세계 원톱이요."

사실 될지, 안 될지는 모른다.
하지만 적어도 자기 작품을 천하의 독자들에게 내놓는,
그래서 밥을 얻어먹는(독자들에게) 프로 작가라면,
늘 이러한 문장을 가슴에 품고 작품 창작에
임해야 하지 않을까?
비록 자존감, 자신감을 넘어 자만감이라 할지라도.

김성모의 근성론

> 진정한 혈맹을 맺었을 때
> 가장 중요한 개념은 단 한 가지다.
> **네 문제가 내 문제다.**

KIM SUNG MO

SPIRIT

올바른 리더가
팀을 성공으로 이끈다

우리 조직은 약 30년간 만화계에서 숱한 풍파를 함께 견디어냈다. 때로는 업계를 석권하기도 하고, 때로는 급격한 업계의 변화로 침체기를 겪기도 하는 등 온갖 만화계의 풍파를 함께 겪으며, 꼭 끌어안고 버텨 살아남았다.

우리의 이력은 다음과 같다.

'김성모 PRO 자유구역'의 명패와
'김성모 만화스튜디오'의 로고

- 김성모 화실(1994~1995년)
- 김성모 PRO 자유구역(1996~2020년)
- 김성모 만화스튜디오(2021년~현재)

막강한 자본을 앞세우는 현재의 가치 기준으로서는 '헤쳐 모여'가 이해가 안 될지도 모르겠지만, 나와 우리 조직은 단순히 돈으로만 뭉친 집단이 아니다. 각자가 돈 이외의 더 큰 다른 의미를 마음속에 담고 있다. 만화계 천하 제패라는 목표와 대한민국 만화계의 전통을 잇는 가치를 함께 실현하기 위해 우리는 뭉쳤다.

1997년 '자유구역' 화실 창립 사진

예전 우리 화실 화훈은 '세계 정복'이었다. 마치 전투에 임하기 전의 비장한 마음을 팀원들에게 심어주고 싶어서 그렇게 정했다. 그리고 매일 그 문구를 보며 전투에 임하라고 건물 입구에 대문짝만하게 써서 붙여 놓았었다.

재작년 11월이었다. 나는 실장에게 화훈답게 결실을 보지 못했다고, 나 자신의 책임이라고 자책했다. 그러자 실장이 내게 말했다.

"아냐, 했어. 세 개 정복."

실장의 이 같은 농담에 쓴 웃음이 나왔던 기억이다.

이성훈 실장은 '자유구역'에서부터 시작해 약 25년간 우리 화실의 일원으로 일한 매우 중요한 인물이다. 그가 어느 날 내 방으로 들어와 얘기했다. 만화책에서 웹툰으로 넘어오는 건 완전히 적응했다는 말이었다. 그 말은 큰 자신감을 내 비춘 것과 동시에 뭘 주저하느냐는 질책과도 같은 말이었다.

실장 밑으로는 여전히 인프라가 넘친다. 현재 화실의 인력에 더해 예전 내로라하는 데생 진과 마스크, 펜 터치가 특급인 그림쟁이들과도 아직 연락을 끊지 않고 있다. 이 의미가 무슨 얘긴가 하면, 수령님(?)의 결단과 양질의 스토리가 있다면, 매달 100화 이상의 원고를 화실 원들이 마감 칠 수 있다는 얘기였다. 전쟁에 참전하는 군인들처럼 천리 행군을 하듯 쉼 없이 정진하고 모두가 똘똘 뭉쳐 과업 성취를 이루어낼 수 있다는 얘기였다. 물론 자금도 필요할 것이었다. 보통은 도저히 납득하지 못할 만한 얘기일 것이다. 100화 이상의 원고를 매달 마감할 수 있다는 것도, 고생을 자처하는 조직원들도 말이다.

예전 우리 조직의 생산력은 사상 최고였다. 화실 최고 전성기인 2000년대 초반에는 서점용 성인 단행본 4개 작품

(『대털』, 『용주골』, 『빨판』, 『조폭 아가씨』)을 한 달에 타이틀당 4~5권씩, 16~20종을 동시에 발표하고 매달 30~50만 부씩 판매했었다. 요즘 웹툰 작가가 1년간 그리는 분량이 저 때의 4종쯤 되니, 일반 웹툰 작가가 4~5년 걸릴 분량을 우리 화실은 한 달 만에 소화한 셈이다. 그리고 현재 그 전력의 상당 부분을 우리가 보유하고 있다. 이것은 모두 예전 인력들과 인연을 끊지 않은 실장 덕분이다.

작화 퀄리티가 문제가 되지 않겠느냐고? 천만의 말씀. 어느 정도 수준에 오른 전문 그림쟁이들에게 퀄리티는 오로지 자금력이 얼마나 투여될지에 달려 있다. 그것이 그들의 근성을 일깨운다.

스토리가 문제였는데, 솔직히 나이가 이쯤 되니 자신감이 떨어진 게 사실이었다. 스토리 작가를 쓰더라도 마찬가지로 관리하는 공력이 들 테니 고민이 됐다. 그래서 실장이 내게 자신감을 내 비추었던 그때 조심스럽게 말할 수밖에 없었다. 좀 더 두고 보자는 나의 말에 근성이 약해졌다는 의미를 담은 눈빛으로 방을 나가는 실장의 뒷모습이 내 가슴을 시리게 했다. 그 감정은 나에게 큰 자극이 되었다. 그리고 나는 다시금 근성에 불을 지폈다.

이제 우리는 심기일전하여 새로운 도전을 시작했다. 현재 최해웅 작가와 '카르만'이라는 기획사를 만들어 운영하고 있는데, 여러 가지 프로젝트를 다양한 방향으로 기획하고 추진하고 있다. 모두 돈 되는 사업들인 것은 물론이지만, 단순히 '돈'이라는 것보다 이 정도 규모의 조직을 꾸려 나갈 수 있는 것에 더 의미를 두고 있다.

그동안 열심히 해온 노력의 대가로 생각되어서 감회가 새롭다. 내친김에 웹툰으로도 히트작 서너 개 더 만들어서 그동안 고생한 친구들에게 충분히 보상해주고 싶다. 남은 생 펑펑 쓰고 살게 만들고 싶은 마음이다. 인생 뭐 있나? 마음 나누고 살아온 친구들과 실컷 놀다 가는 거지. 그런데 그러려면, 아직 좀 더 고생해야 한다.

우리는 고품질 원고의 신속한 생산 방식을 구축하려고 야심 차게 추진해 왔다. 예전에 독자들이 만화방에서 한 타이틀의 만화를 테이블 위에 쌓아놓고 보았듯이, 웹툰 시대에도 독자들이 끊이지 않고 만화를 바로 이어서 볼 수 있도록 하려고 이런 시스템을 구축하는 것이다. 웹툰 시스템의 가장 큰 약점으로 지적되는 생산력을 극복하려는 것이다. 이미 어느 정도 준비를 마쳤다고 자신한다.

2020년 10월 31일

원스토어와 협력해서 사상 최고의 강력한
복싱 극화를 만들기로 했다.
복싱 극화는 1997년에 만든 『토네이도』 이후 처음이다.
터질 것 같은 근육과 쿵쾅대는 심장으로
온몸을 미쳐버릴 듯 끓어오르게 할 근성의 스토리!
글로벌까지 노리는 차세대 킬러 콘텐츠로 만들어보련다.
근성!

『지존 멸각기』의 원화

지금 우리 화실의 전투력은 2000년대 초반의 약 3분의 1 수준이다. 그렇다고 해도 웹툰 시장의 생산력과 비교하면 가히 상상을 불허한다.

현재 김성모 만화스튜디오의 원고 제작 전투력이면, 예전의 단행본 20권 분량을 한 달 만에 소화할 수 있는 수준이다. 예전 만화 단행본 네 권이면, 현재 웹툰 1년 치 분량이다. 그러니 한 달에 일반 웹툰 5년 치 분량을 제작할 수 있는 시스템을 우리는 갖추었다! 아무리 양보한다고 해도 한 달에 8~10권 분량의 원고를 조직적이고 시스템적으로 생산해낼 수 있으니 적어도 1~2년 치 분량은 된다. 즉, 우리는 일반 웹툰 작가가 만들어내는 최소 2년 치 분량의 원고를 한 달 만에 만들어낼 수 있다. 이미 네이버웹툰에 다시 입성한 후 어느 정도 성과를 이루었다.

-『쇼미더럭키짱』: 주 5화 연재 × 4 = 20화
-『인간대전』: 주 2화 연재 × 4 = 8화

2021년 11월부터 『쇼미더럭키짱』, 『인간대전』 두 작품을 차례로 오픈하여 2022년 초까지 한 달에 총 약 28화에 이르는 분량을 네이버웹툰 본판에서 연재했다. 거의 매일 우리 만화를 연재했던 셈이다. 사실상 어디에서도 할 수 없는 일을 우리는 해냈다. 가히 엄청난 일이라 할 수 있다. 이것이 천하 제패, 정상 탈환을 위한 카르만 기획사와 김성모 만화스튜디오의 막강함이다.

게다가 오픈 초기에는 네이버웹툰 전 요일 톱을 찍기도 했다. 무엇보다 기대만큼 독자에게 사랑을 받을 수 있었던 게 뜻깊은 일이었다.

이제는 퀄리티를 좀 더 올리는 데 집중하고 있다.『대털』정도의 퀄리티로(이것이 가장 중요) 한 달에 하나의 이야기가 끝나도록 완성해내려고 계획 중이다. 새로운 작품들은 2022년부터 이어서 연재할 계획이다. 이 작품들은 피를 토하며 때려 박는 로맨스, 액션 극화이다. 당연히 퀄리티는 기본적으로 충족하면서 독자의 심장을 훔칠 수 있는 속도감 넘치는 이야기들을 빠르게 완결해내려고 한다.

나는 별로 만화 쪽으로는 겸손한 사람이 아니다.

"따라올 테면 따라와 보라.
능력은 상관없다.

누구든 붙어보자!"

세상에 소리치며, 당당히 맞서 싸우는 사람이다. 물론 우리는 입으로만 떠벌리는 조직이 아니다. 우리는 목숨이 두 개인 것처럼 매일 미치도록 일하고 있다. 그야말로 우린 만화를 만들기 위해 태어난 녀석들이다.

지금 나는 다시금 생각해본다.

'내가 혹시 간과하고 있는 일은 없을까…?'

리더는 절대 방심해서는 안 된다.

2021년 10월 2일

가끔 화실 원들이 평소의 과도한 업무량으로
스트레스를 받아서인지,
술자리 등에서 도를 넘을 때가 있다.
그럴 땐 재빨리 나중에 술값 계산할 카드 쥐여주고
튀는 게 상책.
다음 날 어색하게 뒷머리 긁적이는 건 그들의 몫.
부부싸움만 칼로 물 베기가 아니다.
긴 세월 수도 없이 싸워온 우리 조직원들과의 관계도,
결국 나중엔 칼로 물 베기가 되더라.

– 리더의 조건
  밑에서 치고 올라올 땐 일단 무조건 튀어라.
  반드시 술값 계산할 카드는 두 손에 꼭 쥐여주고.

나는 신인 때부터 외쳤다. 만화는 작가 혼자 제작하다가 골병들고 작가 생명 금세 끝장난다고. 그래서 나는 일찍부터 내 이름을 내건 화실을 구축했고, 팀 작업으로 수많은 작품을 창작했다.

팀 작업이라고 하는 것은 분업화된 시스템을 말한다. 작가가 창조해내려는 작품을(어떤 형식으로든) 그 작가가 제시한 뚜렷한 청사진을 바탕으로 하여 여러 사람이 실현하는 것이다. 기획에서부터 스토리 콘티, 데생뿐만 아니라 마스크를 포함해 모든 것에 그 작가의 스타일이 들어가야 하고, 아주 예민한 곳까지 작가의 숨결이 들어가야 이 시스템은 완성이 된다.

작가가 만들어내고 싶은 작품의 이야기를 빠르게 독자들에게 발표할 수 있다는 것이 팀, 스튜디오의 큰 매력이다. 누군가는 공장이라고 하며 깎아내리기도 하지만, 이런 조직을 만드는 것은 신의 영역(?)이라고 생각한다. 운칠기삼(運七技三), 단순 실력과 돈으로 이런 조직을 구성할 수 있는 것이 절대 아니기 때문이다.

이러한 작업 방식을 이해 못 하는 사람들은 비판하곤 한다.

'그럼 작가는 무얼 하느냐?
돈만 있으면 나도 할 수 있겠다.'

이렇게 생각하는 것 같은데, 천만의 말씀이다. 몇십 년간 응축된 작가의 기본적인 그림과 스토리가 없다면, 결코 성공에 이를 만한 작품을 낼 수 없다. 팀원들에게는 철저히 작가의 그림과 스타일이 망망대해의 나침반이 되어주어야 한다. 이러한 기본이 없다면 진짜 공장이라고 할 수 있다.

30년 가까운 세월 동안 자신만의 작품을 그리겠다고 뛰쳐나간 화실의 막강한 그림쟁이들이 단 한 명도 제대로(?) 작가다운 작가가 되지 못하고 다시 화실로 복귀한 이유다. 아쉽고 안타깝지만, 그것이 현실이다.

각각의 능력에 따라 만화 작가를 구분할 수 있을 것이다. 그림이 훌륭한 작가, 스토리를 잘 푸는 작가, 연출이 훌륭한 작가 등으로 말이다. 이러한 능력들을 모두 지닌 작가는 드물다. 그런 작가라면, 가히 천재라고 부를 수 있을 것이다. 그런 천재가 되기엔 일반적인 능력만 타고난 우리에게는 한계가 분명하다. 그러나 한 가지 능력만 출중해서는 성공하는 작가가 될 수 없다. 모든 능력이 조화롭게 작품 속에 구현되어야 성공할 만한 작품이 탄생한다.

가장 중요하지만, 뼈아픈 작가 구분이 있다. 바로 히트 작가와 일반 작가이다. 그 둘의 차이는 종이 한 장 두께이거나 점 하나 차이일 뿐이다. 하지만 그 점 하나가 사실은 우주다. 결코 도달할 수 없을 것만 같은 그 점 하나의 우주를 극복하는 단 0.1%의 작가만이 독자들의 사랑을 받는 작가가 된다. 이것이 냉정한 업계를 바라보는 제대로 된 시각이다.

그 점 하나의 우주는 노력만 가지고 극복할 수 없다. 여기에서 팀 작업의 강점을 생각해볼 수 있다. 그 강점 중 하나는 자신에게 부족한 능력을 다른 작가에게서 빌려올 수 있는 것이다. 그래서 팀 작업을 통해 만화를 완성해나가는 게 그 '점 하나의 우주'를 극복하는 데 더 효율적이다. 특히 최근에도 두 명 이상의 작가들이 협력하여 작업하는 모습을 자주 본다. 그러면서 좋은 작품들이 다양하게 탄생하고 있다. 물론 우리 조직의 팀 작업 방식은 일반적인 협업 방식과는 차원이 다르다. 우리는 좀 더 치밀하게 세분화하여 속도감 있게 작품을 만들어내고 있다. 그야말로 그 효율성은 극에 달한다고 말할 수 있다.

팀 작업 방식을 성향에 따라 싫어할 수는 있다고 본다. 하지만 그 무한한 가능성과 효율성을 생각한다면, 막연히 그런 방식을 부정해서는 안 된다고 생각한다. 웹툰 시대에도 팀 작업 방식은 빛을 발할 것으로 확신한다.

리더가 되어 조직을 이끄는 것은 큰 짐을 짊어지는 것이다. 작가로서의 무게에 리더로서의 무게까지 짊어져야 하는 일이라서 결코 쉽지 않다. 하지만 무엇보다 성과를 통해 얻는 기쁨은 함께할 때 훨씬 더 크다는 것만큼은 자신 있게 말할 수 있다.

어떤 조직이든 리더에게 가장 중요한 능력은 그 조직을 장악하는 힘이다. 그 힘은 아무나 가질 수 없다. 서로의 능력이 엇비슷하다면, 조직을 장악하는 건 더욱더 쉽지 않다. 또, 한 번 장악력을 지녔다고 해도 계속 그 힘을 유지하는 건 매우 어려운 일이다.

나는 화실을 처음 조직할 때 친구들에게 부탁했다.

'모든 조직이 잘되고 이윤을 창출하려면,
조건 없는 상명하복이 필요하다.
수직 관계의 확고한 명령 체계가 있어야 한다.
너희들은 친구이고, 솔직히
그림도 다들 나보다 잘 그리는지도 모르는데,
나를 따라와 줄 수 있겠냐?'

내가 추구하는 그림과 스타일, 작가로서의 목표 등 모든 것을 따라와 달라는 부탁이었다. 친구들 역시 자존심과 자기만의 세계가 있기에 이러한 요구는 그들에게 상당한 불편함과 어떤 면에서는 굴욕을 안겨줄 만한 부탁일 수도 있는 문제였다. 다행히 몇십 번의 회유와 설득에 친구들은 따라와 주기로 했다.

그런데 그들은 우리 조직을 아예 군주제 국가나 군대로 만들어버렸다. 상명하복을 중시하는 무시무시한 왕정제 같은 국가 말이다. 화실 원들은 내가 하려고 하는 작품들에

무조건 지원을 아끼지 않았다. 망하든, 흥하든 개의치 않은 것은 물론이다. 그것뿐만 아니라 내가 명령을 내려 까라면 까고 죽으라면 죽는시늉까지 했다. 그들은 우리 화실을 무조건 충성을 다하는 군대나 종교 단체처럼 만들어 버렸다. 나를 '김성모교'의 교주로, 화실의 황제, 또는 대통령으로 만들어줬다. 피에 절여져 있는 우두머리가 존재하는 늑대무리와 같은 조직이라고 말할 수도 있겠다.

그래서 여자 멤버는 이런 분위기를 받아들이지 못해 힘들어했고, 나름대로 지성(?) 있다는 문하생들도 화실 문화에 견디지 못하고 많이들 나갔다. 하지만 내 마음은 언제나 견고했다. 좋은 작품, 히트작이란 언제나 강력한 전투력과 살벌한 명령 계통에서만 나온다고 생각했기 때문이다. 허약한 체력과 자기 위안으로 합리화된 지성(?) 따위는 우리 화실에 발붙일 곳이 없었다.

요즘 시대와는 전혀 맞지 않는, 혹은 누구도 이해할 수 없는 고리타분한 옛날 문화라는 걸 인정한다. 그럼에도 이런 조직을 만든 것은 전투력 때문이었다. 화실뿐만이 아니다. 이윤을 창출하는 모든 조직은 강력한 1인 집중 조직이 되어야 한다고 생각한다. 그래야 한 번 실패해도 효율적으로 다시 힘을 한데 모을 수 있고 다시 일어설 수 있다. 그리고 빠르게 다시 성공에 도달할 수 있다.

화실 원이 늘어갈수록 조직을 장악하는 힘을 유지하는 게 쉽지 않았다. 150명 이상 되는 조직원의 충성(?)을 받는 건 불가능에 가까웠다. 속된 말로, 개긴다고(?) 할까? 그들은 언제나 나의 능력을 도마에 올려놓고 시험해보기 일쑤였고, 나의 약점을(?) 간파하려고 상황이 발생할 때마다 예의주시하며 지켜보기 일쑤였다. 요즘처럼 초식성 수컷(?)들이 대세인 시대가 아니었기에, 그들은 수시로 나를 시험대 위에 올렸다. 나는 언제나 그 시험을 그대로 받아들였다.

물론 이해할 수 있었다. 비슷비슷한 또래였고 다들 충분히 실력을 갖추고 있었기에. 그래서 그때 내가 정한 원칙이 있었다. 단순, 무식, 과격을 기본으로 하면서도 리더로서 도덕적이어야 하며, 끈끈한 의리와 일에 대한 근성이 있어야 한다는 원칙이다.

히트를 치면 반드시 대가를 줬고, 돈 가지고 장난치지 않았다. 특유의 맘 약함으로, 인정도 많이 보여줬다. 그러나 꾸준히 운동하여 약해 보이지 않도록 외관을 갖추었다. 육체적으로 도전(?)의 냄새가 풍길 시에는, 그리고 예의 없게 행동했을 시에는 가차 없는 폭력(?)으로 응징했다. 절대로 용납하지 않았다. 조직의 수장은 단순해야 하고 공평해야 하며, 아낌없는 사랑(?)을 조직원들에게 나눠줘야 한다. 그러면서도 무서움을 보여줄 땐 확실하게 짓밟아줘야 한다.

나는 본능적으로 조직을 장악하는 법을 알았다. 정도(正道)를 지키고 부끄러움 없이 살았으며, 모두에게 숨김이 없었다. 그렇게 한 후 개기는 인간들을 응징한다면, 절대 조직은 흔들리지 않는다. 이런 방식의 조직을 굳건하게 하는 우선 조건은 우두머리의 도덕성과 투명성이다. 그것이 없다면, 그 조직은 무너진다.

당시 업계 화실에는 사회에서 도망쳐 숨어든 거친 인간(?)도 많았고, 그들의 선동에 화실이 흔들흔들하기도 했었다. 그런 이유로, 우리 실장은 그 당시 200명 넘는 멤버를 해고하기도 했다. 나는 리더로서 해야 할 역할을 충실히 해내려고 노력했다. 한눈을 팔지 않았고, 항상 일에 열중하는 모습을 보여주려고 노력했다. 결국, 그것이 30년 동안 약 2,200권이나 되는 작품을 발표할 수 있도록 한 원동력이 되었다. 지금 와서 솔직히 말하면, 나도 같이 일하는 친구들의 눈치를 보느라 열심히 일했다.

외부적으로 아무리 아름답게 포장되어 있어도 내부의 암투는 인간이 사는 사회라면 언제나 존재한다. 그것은 더럽고 치졸하지만, 또 그것이 수컷들의 피할 수 없는 전쟁이라고 생각한다.

조직의 리더로서 겪어야 했던 일들이 지긋지긋하기도 했지만, 리더라면 반드시 이겨내야 하는 일들이었다. 그것이 수컷들의 세상이다.

조직의 리더로서 가장 중요한 능력이 조직을 장악하는 힘이라면, 조직의 리더로서 가장 중요한 역할은 조직의 구성원을 잘 관리하는 것이라고 말할 수 있다. 각자가 개성이 뚜렷하듯이 각자가 원하는 것도 달라서 그에 따라 다루는 방식도 각각 달라야 한다. 그렇다 보니 조직원을 제대로 관리하는 것은 굉장히 어려운 일이다. 아무리 능력이 뛰어난 리더라고 해도 쉽지 않다.

나는 대개 방목형으로 사람을 쓴다. 각 조직원에게 일을 맡겨 놓고 일하든 말든 간섭하지 않는다. 당연히 월급은 꼬박꼬박 잘 줘야 한다. 가끔 "일 잘되냐." 묻는 정도로 끝낸다. 각 개인의 상황을 파악하고 있어도, 절대로 꼬치꼬치 따지지 않고 철저하게 하고 싶은 대로 맡겨 놓는다. 이렇게 하는 이유는 화실 원들이 가장 잘 알 것이다.

인간은 자기를 믿어주었을 때 하고자 하고, 하기 싫어도 저절로 하게 되어 있다. 세상일이라는 게 사실 다 인간이 하는 일이라서 자발적으로 정신 차리고 열정을 쏟으면 대부분 성취하게 되어 있다. 긴 경륜으로 보면, 조직원들이 자발적으로 뭔가를 했을 때 결과도 더 좋았다.

내가 어렸을 때부터 제일 좋아하는 말이 있다.

'장수는 자기를 알아주는 주군을 위해
목숨을 바친다.'

그런데 사실 내게는 그럴 수 있을 만큼 나를 믿어주는 존경스러운 주군이 없었다. 그래서 차라리 내가 그런 주군이 되려고 노력한다.

한편, 조직원의 열정을 끌어내는 것도 리더의 중요한 역할이다. 오랜 시간 조직의 리더로 역할을 하며, 가장 중요시했던 것도 바로 열정이다. 하지만 창조력과 개성 넘치는 구성원들의 열정을 끌어올리는 건 쉽지 않은 일이었다.

20년 전에 『럭키짱』과 『마계대전』으로 만화 판에서 히트를 쳤을 때, 우리 화실에는 큰 문제가 존재했었다. 그 문제는 당시 우리 화실의 데생력과 펜 터치 수준이었다. 히트를 치고 난 후 밀려드는 권수 배출의 압박을 우리 화실에서는 이길 수가 없었다.

그럴 만도 한 게, 1년 6개월 경력의 갓 올라온 데생맨들과 이제 배경에서 갓 올라온 터치맨, 뒤처리에서 갓 올라온 배경맨 등 화실 내부의 요원들은 아직 각 분야 초보 티가 물씬 나는 애송이들뿐이었다. 외부에서 경력자들을 구하려고 했으나, 그때 당시 만화계에는 그림 못 그리는 김성모 화실은 가지 않겠다는 풍조가 만연했었다.

난 이를 악물었다.

'그래 두고 보자.
내 만화를 만화계 최고의 그림으로 만들어 주마!'

그리고 바로 배경 분야 교육부터 시작했다. 배경 그림은 만화의 깊이를 결정짓는 1차 관문이라고 할 수 있다. 지금이야 '스케치업'이라는 프로그램을 사용해 배경 그림이 더 정교해졌지만, 그때만 해도 일일이 손으로 그려야 했다. 그렇다 보니 배경맨의 실력이 매우 중요했다.

리더가 조직원을 컨트롤하는 방법에는 '당근과 채찍'이 제일 일반적인 방법이다. 나는 화실의 실력을 키우는 데 특히 당근을 주로 사용했다. 당근을 줄 때는 눈이 뒤집힐 만큼 화끈하게 줘서 스스로 실력을 최대한 끌어올리도록 했다.

나는 틈나는 대로 화실을 돌아다녔다. 그러면서 그나마 제대로 배경 그림을 그린 걸 어쩌다(가뭄에 콩 나듯) 발견하면, 그 그림을 그린 배경맨을 일부러 엄청나게 칭찬했다. 그리고 칭찬만으로 끝나는 게 아니라 그 자리에서 금일봉을 지급하는 것은 물론 원고료를 파격적으로 올려주었다. 그런데 그 효과는 대단했다. 그 후 다른 배경맨들 역시 내가 주는 당근을 얻기 위해 엄청나게 노력했다. 그리고 나만 지나가면 꼼꼼히 때려 박은 반장, 혹은 전장 배경을 모른 척 자신의 자리 옆에 놓아두었다. 나는 그 기대에 부응

해 절대 그냥 지나치지 않았다.

"그래, 오늘은 너다!
네가 우리 화실을 살릴 기대주다!"

이렇게 칭찬하면서 원고료를 올려주었다.

결국, 우리 화실에서 제일 먼저 강화한 분야는 배경이었다. 그리고 차츰 펜 터치, 마스크, 데생 분야까지 이러한 방법을 사용했고, 그 수준이 눈에 띄게 올라가게 되었다. 덕분에 그 이후 창작한 『대털』, 『용주골』 등은 그림을 중시하는 신문, 단행본 판을 석권할 수 있었다. 리더로서 조직원들의 열정을 끌어올리려는 내 노력에 모두가 맞춰가며 잘 따라와 준 결과라고 생각한다. 그때의 그 노력이 성공의 원동력이 된 것이다.

자세히 살펴보면, 사실 인간이 지닌 능력은 비슷비슷하다. 중요한 것은 실력을 바탕으로 열정과 투쟁심을 어떻게 끌어내느냐이다. 나는 만화계의 천재들을 보고 가끔 비웃을 때가 있다. 내가 비웃는 그들은 대부분 게을렀고, 자신이 천재라는 자만심으로 열정 없이 세월만 깎아 먹고 있었다.

나는 좋은 만화가의 조건을 하나만 이야기하라고 한다면, 미쳐버릴 듯한 열정을 꼽겠다. 사실 그거 하나면 충분하다고 생각한다. 부족한 실력은 열정 하나만 있다면, 충분히 끌어올릴 수 있다. 열정만 있다면, 안 될 게 없다. 물론 열정은 만화가에게만 필요한 조건이 아니다. 이 각박한 사회를 살아가는 누구에게라도 요구되는 필요조건이다.

조직원 각자가 조직을 위해 희생하겠다는 각오 없이는 아무리 훌륭한 리더라도 단 한 톨의 열정도 끌어올릴 수 없다. 결국, 우리 조직은 각자의 희생과 열정으로 버텨낼 수 있었다.

현재도 우리 조직은 하나의 목표를 향해 나아가며 극한의 열정을 발휘하고 있다. 어떠한 도전과 위기도 이겨내겠다는 단단한 의지로 똘똘 뭉쳤다. 우리는 반드시 그동안 버텨내며 받은 고통을 성공으로 보상받을 것이다.

2021년 3월 1일

30년 전, 안양 창박골 허름한 오두막 같은 가게에서
비가 부슬부슬 내리는 날
지금의 화실 창업 멤버들과 함께
파전에 막걸리를 먹었던 기억이 떠오른다.
미래에 대한 불안감으로 꽉 차 있던 그 시절,
그때의 걱정과 불안은 당시 술을 잘 마시지 못했던 나도
소주 두 병을 마시게 했다.
그리고 나는 술에 취해, 분위기에 취해
뿌연 하늘에서 쏟아지는 비를 맞으며
젊디젊은 내 심장에 대고 다짐했었다.

'이긴다! 어떠한 난관이 와도 반드시 이겨낸다!'

'천하 제패!'가 우리의 결의였다!
다행히 그때의 창업 멤버 세 명 중 두 명이
아직 내 곁에 있다.
오늘 그 멤버 그대로 파전에 막걸리를 먹어야겠다.
추억은 나이가 들어갈수록 소중해진다.

벌써 약 30년의 세월을 우리는 함께했다. 이제 뒤돌아 되짚어 보고 우리의 미래를 내다보니, 뚜렷한 무언가가 보인다.

누군가 '단단한 조직이란, 무엇인가?' 하고 묻는다면, 나는 이렇게 간단히 설명하겠다.

'하나의 꿈과 이상을 가지고 똘똘 뭉쳐
공통의 목표를 향해 나아가는 조직!
밑바닥 시궁창에 모두 함께 떨어져서
얼싸안고 세상의 잔혹함과 무서움에
엉엉 같이 울어본 조직!'

우리 조직이 바로 이러한 조직이다. 그리고 무엇보다 여전히 대를 위해 소는 희생할 뿐만 아니라 근성으로 버텨 낼 강한 신념이 있는 팀이라고 자신한다. 오랜 세월 담금질(?)이 끝난 지금의 조직이 완전체에 가깝다고 생각한다.

물론, 이런 조직을 만들기까지 무수한 잡음이 있었다. 그리고 리더로서 굉장히 힘든 과정을 거쳐야 했다. 이 팀을 만들고 지키기 위해서 지난 30년간 마음 편할 날이 없었다. 여러 사람을 하나의 배에 태워 목표를 향해 끝까지 함께 가는 일은 의리, 근성 없이는 불가능하다. 고통이 있어도 눈물을 머금고 끝까지 지키고 함께하는 것, 그게 의리이다!

현재 우리 팀은 과거와는 분위기가 많이 달라졌다. 요즘은 조금 더 서로를 편하게 대해주는 친구들을 보면 고맙기도 하고, 각자를 생각할 때면 그 격한 영욕의 세월을 같이 해줘서 뭉클하기도 한다. 그러나 열정과 근성만큼은 변하지 않기를 바란다. 우리는 좀 더 달려야 한다.

나와 우리 조직은 지금까지 약 400개 타이틀, 2천여 권 정도의 만화를 창작했다. 그중 내가 생각하기에 히트작은 7개이다. 우리는 누가 봐도 미칠 듯한 열정으로 지금까지 달려왔다. 그러나 나는 여전히 부족하다고 생각한다. 조금 더 함께 힘을 내서 더 큰 성과를 내야 한다. 이왕 함께 일하기로 했으면, 공통의 목표를 향해 달려가야 하지 않겠나. 아직 이루지 못한 그 목표, 함께 이루어야 하지 않겠나. 제대로 된 멋진 히트작 하나 발표해서 그 이익을 나누어 먹는 것, 그것이 최고가 아니던가.

조직의 수장으로서 이 자리를 통해 함께해준 팀원들에게 이야기하고 싶다.

"이젠 마지막이랄 수 있는
새로운 도전을 시작했다.
한 번 더 천하를 제패하자!"

1998년, 근성으로 화실 원들과 버티던 시절

2020년 8월 25일

첫 화실을 열었던
경기도 군포시에 있는
건물 앞에서

28년 전 이 건물 꼭대기 4층 옥탑방에 처음 화실을 열었다.
그 당시 〈보물섬〉이라는 잡지에 연재했던
『그레이트 캡장』을 여기서 만들었다.
우연히 지나가다 갑자기 생각나서 가보니
건물이 아직 건재해서 반가웠다.
거의 30년 만에 와보니 감개무량하다.
모든 게 똑같은데 나만 달라졌구나, 그런 생각이 든다.
얼마나 앞길이 막막했던 애송이 청춘이었던가….

KIM SUNG MO

SPIRIT

KIM SUNG MO

SPIRIT

김성모의 근성론

> 세상 밑바닥에 떨어졌어도
> 누구든 한 가지는 믿을 구석이 있다.
> **나를 믿어주는 가족.**
> **든든한 가족이 있다면,**
> **인생 해볼 만하다.**

KIM SUNG MO

SPIRIT

세월은 슬픔이자 위로이다

엄마는 배고파서 못 살겠다며 집을 나갔고, 아버지는 폭력 사건으로 파출소 유치장에 2주일간 잡혀 있게 되었다. 주인공은 어린 두 동생과 덩그러니 남게 되었다. 마치 세상에 버려진 것처럼.

그러나 동생들을 굶길 수는 없었다. 3일을 굶은 어린 두 동생과 고작 국민학교 4학년인 주인공은 필사의 작전을 계획했다. 슈퍼에서 라면 열 개쯤 훔치는 것.

주인공은 혼자 가게에 들어가 주인의 눈치를 보며, 라면 열 개를 옷 속에 몰래 숨겼다. 그러나 어떻게 주인 앞을 지나 밖으로 나가야 할지 방법을 찾을 수 없었다. 그렇다고 주인의 눈치만 보고 있을 수는 없었다. 그리고 마침내 마음 먹었다.

주인공은 그냥 냅다 가게에서 뛰쳐나와 달려갔다. 동생들이 기다리는 골목으로 들어갔고 코너를 돌아 더 안쪽으로 들어갔다. 담장 너머에서 대기하고 있던 동생들에게 라면 세 개를 던졌다. 그리고 나머지 일곱 개는 가지고 있다가 일부러 잡혔다.

슈퍼 주인이 귀싸대기를 갈겨 뺨은 벌겋게 부풀어 올랐지만, 집으로 돌아오는 발걸음은 가벼웠다. 집에 도착해 보니 여동생이 라면을 끓여 놓았다. 따듯한 라면의 온기가 세상을 천국으로 만들었다.

주인공은 맛있게 라면을 먹는 동생들을 보는 것만으로도 배가 든든했다. 하지만 아버지 없이 버티려면, 라면 몇 개로는 부족했다. 마지막 남은 라면 국물을 들이마시며 두 동생에게 얘기했다.

"동네를 바꿔 네다섯 번만 더하자."

결의에 찬 두 동생은 고개를 끄덕였다.

'2주만 버티면 아버지가 나오신다.
그때까지 반드시 살아남아야 한다.'

주인공은 어떻게든 굶주림에서 버텨야 했다. 동생들을 위해서, 자신을 위해서 무엇이든 해야 했다.

이것이 내 만화, 김성모 만화를 지배하는 큰 모티브이다.

'살아남아라.
산 자만이 말할 수 있다.'

<u>2020년 11월 14일</u>

1979년 국민학교 4학년 때,
서울 창경원에서 가족들과

위 삼촌, 고모, 나, 할머니.
아래 좌, 우 친동생 둘과 사촌동생들.

이때가 마치 엊그제처럼 생생하다.
창경원 간다고 한 전날 얼마나 두근거렸던지….

국민학교 다닐 적 소풍날이면, 우리 집은 엄마가 없어서 아버지가 새벽부터 일어나 김밥을 싸 주셨다. 김밥이랑 음료수, 과자 몇 봉을 검정 비닐에 넣어주시고 소풍을 가라고 하며 손에 쥐여주셨다.

난 그 검정 비닐이 너무 창피했다. 다른 애들처럼 예쁜 디자인의 소풍용 가방을 들고 가고 싶었다. 하지만 아버지는 단호했다.

"어디 다닐 때는 간편하게 다니는 거다.
먹을 것 다 먹고 나머지는 쓰레기통에 버려.
그리고 홀가분하게 다니다 오는 게 좋은 거야."

나는 아버지의 이 말이 가난을 드러내지 않으려는 핑계라고 생각했다. 그러면서 아버지를 조금은 원망했던 것도 같다. 그러나 지금에 와서 생각해보면, 아들에게 예쁜 가방 하나 마련해주지 못했던 아버지의 마음을 알 것도 같다.

그런데 아버지의 그 말씀이 맞는다는 걸 그땐 몰랐다. 그것은 너무나 합리적이고 편한 방법이었다. 그래서 지금도 나는 가방을 가지고 다니지 않는다.

2021년 3월 17일

초등학교 졸업식 때

중학교 졸업식 때

아버지, 할머니.
뵙고 싶은,
이젠 영원히 뵐 수 없는….

할머니는 내가 중학교 1학년 때부터 나와 동생들을 거둬 키워주셨다. 세 손자를 키우시느라 이루 말할 수 없이 고생하셨다.

만화가가 되고 싶다는 나의 말에 그림쟁이들은 굶어 죽는다, 말씀하시면서도 굳이 반대는 하지 않으셨다. 어쩌면 그저 손자의 꿈을 꺾고 싶지 않으셨던 것일 게다.

나는 곧 고집대로 만화계에 입문했다. 물론 밑바닥은 춥고 고달팠다. 할머니의 말씀대로 그림쟁이들은 죽어도 굶어서 죽는다는 것을 몸으로 느꼈다. 화실 뒤처리맨으로 근무하면서는 그나마 돈을 만질 수 있었다. 한 달에 10만 원을 받으면, 반드시 5만 원은 할머니에게 가져다드렸다. 나머지 5만 원에서 3만 원은 잉크와 펜촉 사는 데, 2만 원은 차비로 쓰면서 살았다.

나는 굶어 죽을 것만 같은 세월을 버텨 어엿한 작가가 되었다. 돈을 곧잘 벌면서는 할머니가 원하는 걸 다 해드리려고 했다. 그리고 나는 할머니의 큰 자랑이 되었다.

할머니는 2003년 8월 31일 안양 메트로 병원에서 돌아가셨다. 그때 내게 해주신 마지막 말씀을 지금도 잊지 않고 있다.

"성모야, 출판사는 잘돼?"

마약성 진통제로 정신이 없는 상황에서도, 마지막으로 내가 걱정이 되신 것이다.

고등학교 친구 중에 재벌 2세인 친구가 하나 있다. 고등학교 1학년 때부터 단짝이었던 친구다. 아버님의 고향 동생이 대통령까지 한 분이셨고, 녀석은 정주영 회장을 어렸을 때 아저씨라 불렀을 만큼 대단한 집안이다. 녀석의 집에 가면 정주영 회장과 찍은 사진을 볼 수 있었다. 아무튼 나와는 종자가 완전히 다른 놈이다.

30대까지는 동창회에서 만나면 괜한 나의 자격지심(?)과 그놈의 성격이 부딪혀 주먹다짐도 자주 했다. 치고받고, 이가 부러지기도 하면서 싸웠다. 그럴 때면 두 번 다시 그놈을 보지 않으리라 결심도 여러 번 했었다. 물론 화는 금세 풀렸다. 그만큼 미운 정 고운 정이 많이 든 친구이다.

십 년 전 아버지가 암 4기 판정을 받았을 때, 놈의 덕을 톡톡히 봤다. 자기 집안 병원으로 모셔가서는 지극정성으로 완치시켜주었던 것이다. 그때 너무나 고마워서 그동안의 앙금은 봄날 눈이 녹듯 녹아 버렸다. 우리 아버지도 돌아가시기 전까지 그놈을 아주 좋아하셔서 집안에서 말썽 피우고 쫓겨났어도(재벌 집안은 친자식이라도 정말 피도 눈물도 없이 대한다는 걸 알았다) 항상 잘해주라고 하셨다.

얼마 전 간만에 그 친구를 만났는데 몸이 많이 상해 있었다. 쓴 소주 한잔 마시다가 안 되겠다 싶어서 노래도 한 곡 부르고 좋은 술 먹자며, 끌고 가 함께 한잔 진하게 먹었다. 거처로 돌아가는 친구의 뒷모습이 가슴에 박혔다.

> "친구란 10년, 20년이 훨씬 지나
> 무엇이 되어 만나도
> 순수함과 반가움이 오만함과 비굴함을
> 순식간에 잠재워버릴 수 있어야 한다."

고등학교 3학년이 되었지만, 대학 따위는 생각도 하지 않고 만화에 미쳐 있었다. 겨울 때였을 것이다. 어느 날 고모부가 찾아와서는 그런 나를 보고, 쓸데없는 일 하지 말고 당신 회사에 넣어줄 테니 내일부터 나오게 하라고 아버지께 얘기했다. 세끼 밥도 간신히 먹던 집안 사정을 아는 나는 차마 거부할 수가 없어 출근하겠다고 했다.

그 회사는 구로공단에 있었다. 전자 제품 제조회사로, 일명 공돌이, 조립공의 생활을 시작했다. 기본급 15만 원에 잔업, 야근을 밥 먹듯이 해야 버는 돈 17만 원 정도…. 체력 좋은 나도 두 달을 근무하자 삶의 무게가 온몸을 짓눌렀다. 뼈가 빠지는 노동, 공돌이라는 사회적인 낙인(?)…. 왜 그 당시 노동자의 데모들이 빗발치듯 여기저기서 터졌는지 알 수 있었다.

그 시절, 지금까지 남은 하나의 기억이 있다.

어느 날이었다. 회사 회식 때 술을 엄청나게 마시고 취해 버렸다. 회식이 다 끝난 후 거지 같고 냄새 나는 회사 점퍼를 입은 채 안양행 버스에 올랐다. 곧바로 오바이트가 쏟아졌다. 정신은 완전히 나갔고, 주위 손님들이 쏟아내는 불쾌한 눈길의 잔혹한 난도질(?)…. 정신이 나가서 주저앉았더니 세상이 빙글빙글 돌았다.

바로 그때, 걸레가 된 나를 바로 앉혀주며 엉망이 된 얼굴을 자신의 손수건으로 닦아주는 누군가의 손길이 느껴졌다. 풍기는 분 냄새로 젊은 여자 회사원이었음을 알 수 있었다.

그리고 지금도 기억하는 한마디….

"괜찮아요? 정신 차려요!"

빙글빙글 도는 눈에 힘을 주고 끝까지 쳐다보며, 그녀의 얼굴을 각인시키려 했으나 도저히 불가능했다. 마지막까지 남은 정신을 쏟아내 고맙다고 말하며 연락처라도 달라는 나의 말에 그녀가 무언가를 준 것 같은데, 정신 차리고 보니 찾을 수 없었다.

그때 그녀의 그 호의는 평생 나를 따라다닌다. 문득문득 떠오르며….

그녀는 누구였을까…?

남자의 근성

2021년 2월 23일

고향은 서울이지만 안양이야말로 나에게
출세의 길(?)을 열어주었던,
젖과 꿀이 흐르는 도시였다.
이곳에서 혈맹들을 만들었고,
수많은 작품을 발표했으며 성과도 좋았다.
거짓말 좀 보태서, 한때는 우리 화실 멤버라고 하면
안양 시내 어느 곳을 가든 십 원짜리 한 장 없어도
밥과 술을 먹을 수 있을 정도였다.
그만큼 나에게는 제2의 고향과도 같은 곳이 안양이다.

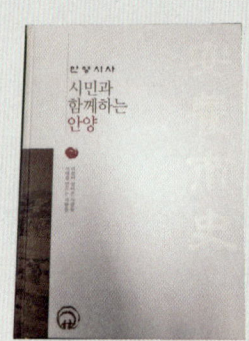

내 이야기가 실린 2008년
안양시에서 편찬한 〈안양시사〉 7권

아버지는 2014년 6월 말 병원에 들어가신 지
2주 만에 돌아가셨다.
마지막 한 주 동안은 의식을 잃으셨다.
의식을 잃으시기 전날 아픈 몸을 일으키시고,
화장실에 갔다 오신 아버지는
내게 갑자기 악수를 청하셨다.

"잘 살아라."

나도 모르게 아버지와 악수를 하며
멍한 상태가 되어버렸다.
그리고 그것이 아버지가 내게 남긴
마지막 말씀이었다.
우리 아버지다운 짧고 강렬한 마지막 인사였다.

어느 날 아침 너무나도 일찍 일어나서 앉았는데,
정말 형언할 수 없는 먹먹함으로

가슴이 무너져 내리는 듯한

감정이 몰려왔다.

그 후 그런 감정에 빠져버리는 경험을 종종 한다.

단 한 번이라도 다시 아버지와

몇 마디 말을 섞을 수 있다면….

전 재산을 다 쓰더라도 그러고 싶다.

나이 지천명이 돼도 부모님을 향한 그리움은

아이와 같다.

인생 별거 없다.

그나저나 아버지의 마지막 말씀대로

난 잘살고 있는 걸까?

아버지는 정말 강한 남자였다.

가부장적이었고 보수적인 분이기도 하셨다.

그러면서 현명한 분이셨다.

우리 삼 남매를 키우시느라 많이 고생하셨다.

아버지는 어릴 때부터 항상 말씀하셨다.

"성모야 네가 나중에 네 동생들 다 챙겨야 되고,

네가 모든 걸 책임져야 한다."

장남으로서 해야 할 일을 교육하신 것이다.
나는 어릴 때부터 어떤 강박관념을 지니고 있었다.
그래서 이처럼 강인한 삶을
살 수 있었다고 생각한다.
나는 아버지에게 인생을 배웠다.
어떻게 살아야 할지 배운 게 많다.

나는 돌아가신 아버지의 마지막 담배와 라이터를
간직하고 있다.
간혹, 마음이 어지러울 때나 아버지가 그리울 때
마지막 피우시던 담배에 라이터로 불을 붙여
당신을 느끼고 있다.
문제는 점점 꽁초가 되어가는 담배를 보며,
심란한 마음 가눌 길이 없게 되는 것.
그래도 나는 행복하다. 아직은….
이렇게라도 돌아가신 아버지의 체취를
느낄 수 있잖은가.

아버지의 마지막 담배와 라이터

아버지는 돌아가시기 석 달 전쯤인가
1박 2일 정도 여행을 다녀오신다고 하셨다.
아버지는 여행을 별로 좋아하지 않으셨다.
나는 군말 없이 경비를 마련해 드렸다.
그런데 바로 그날 저녁
거의 정신을 잃고 돌아오셨다.
병마와 싸우고 있는 몸이 견디지를 못한 것이다.

시간이 지난 후 호스피스 병동에서

정신을 잃으시기 하루 전인가,
아버지는 나에게 반드시 갚아야 할 돈이
있다고 하셨다.
2백만 원이라고 하셨다.
나는 그러겠다고 하며 계좌번호를 물어보았지만,
여동생에게 알려준다고 하셔서 알았다고만 했다.
그리고 여동생에게 그 돈을 부쳐주었다.
그 뒤로 정신없이 시간이 흘렀다.
장례가 끝난 뒤 문득 생각이 나 여동생에게 물으니
아버지가 정신을 잃으시기 전 간신히
계좌번호를 불러주셔서 그쪽에 보냈다고 했다.
나오지 않는 목소리로 너무나 작게 말씀하셔서
알아듣느라 엄청나게 고생했다고 한다.
그리고 동생은 내게 한마디 했다.

"그 계좌의 주인공은 아버지가
진짜 사랑한 아줌마였어."

나는 순간 한 방 얻어맞은 것 같았다.

아, 아버지는 삶의 마지막 시점에
사랑하는 여인이 생겼던 것이다.

혼자되신 후에는 우리 삼 남매를 키우시느라
사랑이라는 감정은 느껴볼 겨를이 없으셨을 게다.
아버지는 자식에 대한 애정이 남달랐다.
오래전 홀아비가 되어서 아이 세 명을 키우느라
고생 많이 하셨다.
석 달 전 드린 여행 경비는 아버지 지갑에서
다시 받았다.
아버지는 분명 그 여성분과 삶의 마지막 여행을
가시려다 가지 못했고,
그러면서 그분이 쓰신 것만큼
갚고 싶어 하신 것이리라.
2백만 원은 아니었겠지만,
넉넉하게 주고 싶으셨을 것이다.
여동생은 나보다 그 여인에 대해서 잘 알고 있었다.
막내 남동생은 아버지와 같이 그분과 식사도 하고,
노래방에도 갔다고 한다.

하지만 왜 아버지는 장남인 나에게는
아무런 이야기도 하지 않으셨을까?
큰아들이라서 민망하고 어려웠던 걸까?
난 여동생과 막내보다
더욱 강력한 지원자가 되어 드렸을 텐데….
그리고…

'왜 아버지의 사랑은
삶의 마지막에 찾아왔을까?'

이름도, 얼굴도, 사는 곳도 모르지만,
아버지의 인생 마지막 사랑의 여인이
잘 살아가시기를 바란다.
인간의 삶이란, 알 수가 없다.
너무 어렵다.
그저 안타깝고 슬프다.

과거의 사랑했던(?) 사람들을 만나면,
현재의 지위나, 돈이나, 명예 같은 것들은
전부 헌신짝 같다는 생각이 든다.
그들은 과거의 초라했던 나를 감싸줬고,
그때를 생생히 기억하는 사람들이다.
그래서 나는 그들과의 만남만으로,
만남 그 자체로 인한 인간적인 기쁨을
진정으로 느낀다.
인간이 성공에 다다르는 데 마지막 목표는
완벽한 결과가 아니라 그 결과를 만들기 위해 뛰었던
아름다운 과정이다.
그리고 그 목표를 향해 달린 후
남는 최후의 결과물은
두 번 다시 오지 못할 추억이다.

'세월은 인간의 슬픔이자 곧 위로이다.'

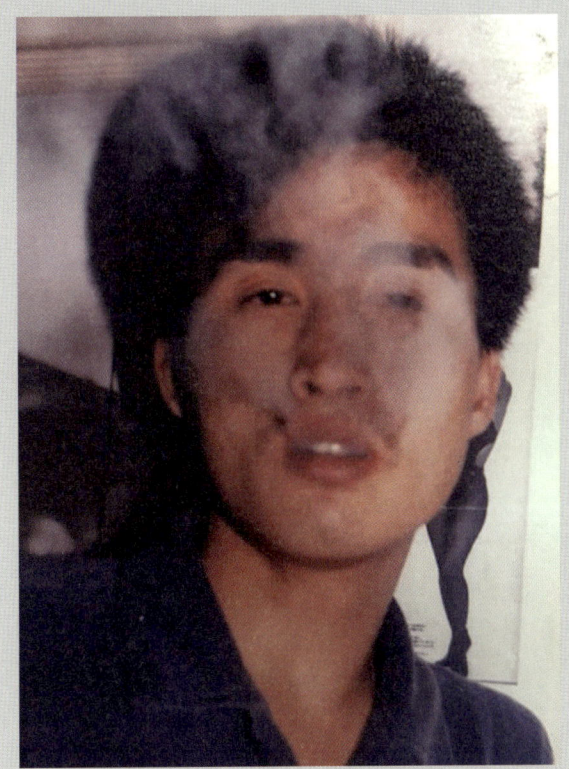
열정을 불태워 달리던 젊은 시절

김성모의 근성론

> 학교는 공부만 하는 곳이 아니다.
> 평생 우정을 나눌
> **친구를 만드는 곳이다.**

KIM SUNG MO

SPIRIT

아버지라는 이름은 인간을 더욱더 강하게 한다

자식들과 얘기하다 보면 절제하는 내 모습을 느낀다. 세상의 법과 원칙을 정의롭게 지키고 살아야 한다는 이야기를 어른으로서 하게 된다. 그런데 그러다 보면 나도 모르게 답답함이 올라온다.

그런 것들은 내가 진짜로 해주고 싶은 이야기가 아니다. 진짜 얘기해주고, 가르쳐주고 싶은 것들은 따로 있다. 친구에 관해서, 우정에 관해서, 여자 또는 남자에 관해서, 진짜 세상에 관해서…. 하지만 그런 이야기들을 하려고 하면, 쉽게 입이 떨어지지 않는다.

나도 모르게 아버지라는 나 자신의 위치를 의식하는 것일까, 진짜 해주고 싶은 조언은 접어두게 된다. 올바로 가야 한다는 이야기들만을 하고 싶어지게 되는 것, 그것이 아버지라는 위치에서 드는 생각인 것 같다.

새삼 돌아가신 내 아버지의 상마초 같은 교육이 떠오른다.

국민학교 4학년 때였다. 그때, 같은 동네에 '엄마도 없는 거지새끼'라고 늘 나를 놀리며 괴롭혔던 중학교 1학년짜리 놈이 있었다. 아버지는 그놈이 방심할 때 짱돌로 머리통을 찍어버리라고 하셨다. 그게 아버지의 교육이었다.

나는 실제로 그렇게 했다. 당연히 우리 동네는 난리가 났다. 아버지 말대로 한 것이었지만, 나는 주눅들 수밖에 없었다. 곤죽이 되도록 맞아도 어쩔 수 없다고 생각하며 두려움에 떨었다. 그런데 치료비를 주고 사과까지 하고 돌아온 아버지는 내 생각과 완전히 달리 나를 대하셨다. 오히려 내게 잘했다고 말씀해주셨다.

그 뒤로 그놈은 내 근처에 얼씬도 하지 않았다.

물론 매우 위험한 교육이라고 생각한다. 그리고 올바른 교육은 아니라며 비난받아도 반박할 생각이 없다. 현실에는 맞지 않는 비상식적인 교육이라고 이야기하는 게 마땅하다고도 생각한다. 하지만 버티며 살아가는 것조차 힘들었던 그 당시 우리 가족에겐 어쩔 수 없는 현실적인 교육이었다.

그때 나는 아버지의 교육을 통해 반드시 새겨둬야 할 것을 배울 수 있었다. 남자는 반드시 부당한 공격에 맞서야 하며, 받은 만큼 되돌려줘야 한다는 개념을 깨달았다. 꼭 폭력만이 아니라, 당하고 살아서는 안 된다는 원칙 말이다.

아버지가 내게 한 교육에서 폭력을 뺀 다른 것으로 바꾸어 어떻게 아이들에게 가르쳐줄 수 있을까? 진지하게 생각해본다.

2021년 5월 23일

간만에 집에 들어갔다.
나는 집에 들어갈 때 자식들의 환대를 받으며
개선장군처럼 들어간다.
물론 언제나 지갑의 돈을 용돈으로
시원하게(?) 뿌려주기 때문이라고 추정.
근데, SNS를 봤다며 스무 살짜리 아들놈이
결투를 신청한다.

"좋다, 아직은 네놈에게 안 진다.
남자는 맞짱이지!"

그런데 시작한 지 1초도 안 돼서 손목이 꺾이며
부상을 당하고 말았다.
팔씨름은 서로 손만 잡아 봐도 승패를 가늠할 수 있다.
당연히 해볼 만하다고 안일하게 생각하는 순간
손목이 꺾였다.
지는 건 상관없는데. 손목을 부상당한 것은 큰일….

아. 문득 나의 유행어가 생각났다.

'사자는 토끼를 잡을 때도 최선을 다하고,
건달은 초등학생과 싸워도 죽을힘을 다한다.'

일단 부상이 회복될 1~2주 뒤에 다시 붙기로 했는데,
이번엔 녀석이 아르바이트로 번 돈 전부와
내 지갑 전 재산을 걸고 붙기로….

'기다려라, 아들아.
반드시 이겨주마!'

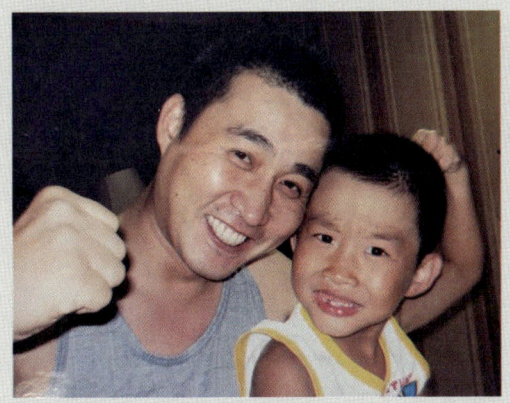

어릴 적 아들과 나

조물주는 정말 대단한 존재시다.

젊었을 적에는 자식들 따위(?)가 내 삶의 걸림돌이나 평생의 혹이 될 것으로 생각했다.

다른 집 아기들을 보면 귀엽다고 느끼기는 했으나 부모들에겐 참 귀찮겠다고 생각했다.

인생은 어차피 혼자 왔다가 홀로 떠나는 것이라며 새로운 가족은 필요 없다고 생각했다.

그런데 막상 첫아이가 태어나고,

'응애!' 하며 우는 내 새끼를

위에서 내려다보며 대면한 순간,

'애야, 이 아빠가 뼈 빠지게 죽도록 일해서

잘 크게 해줄게!'

이런 각오가 자연스럽게 심장에 새겨졌다.

그 뒤로 내 삶은 완전히 바뀌었다.

바빠서 집에 잘 들어가진 못했어도

하루에 골백번은 내 새끼 생각이 들었고,
간혹 거친 상황(?)이 발생해도 한 수 접어
참고 인내할 수 있는 힘을 가지게 되었다.
둘째, 셋째 내 새끼들이 늘면서 그런 마음은
더욱더 강해졌다.
아무리 삶이 거칠어져도,
아무리 마음이 무너져도 버텨 내게 하는 힘을
아버지라는 이름 속에서 느낄 수 있었다.
그 어떤 개념을 가지고 발버둥 쳐도
인간은 인간의 굴레를 벗어나지 못한다는 것을
느낄 수 있었다.
나보다 먼저 살아온 선조들의 삶의 방식이
옳다는 사실은 더욱더 뚜렷한 사진처럼 생생하게,
나이 들어 아버지가 된 내 앞에 우뚝 서 있다.
조물주는 정말 대단하시다.
진심으로 희생할 수 있는 부모라는 존재를
만들어서 다음 세대를 이어가게 만들어 놓으셨으니.
나도 결국 그중의 하나다.

아들 녀석은 군대 가기 전에
사회 경험 좀 해본다고 숯불갈비 집에서
아르바이트를 했다.
태어나서 경험하지 못한 격한 상황들을
몸소 체험하고 있다며, 고단함을 표현했었다.
그때 나는 아들에게 얘기해줬다.

"사내새끼들은 밑바닥에서 거칠게
엉엉 울면서 굴러보고 단돈 천 원, 만 원 한 장이
얼마나 소중하고 값진 것인지 직접 벌어보는
경험들을 해봐야 한다."

그동안 아빠가 아무 대가 없이 주는 돈이
금싸라기 같았을 것이다.
돈의 소중함은 직접 피눈물을 흘리면서 벌어봐야 안다.
세상에 공짜는 없다는 걸 피부로 느껴봐야 안다.
아들은 돈의 소중함을 그렇게 배워갈 것이다.

녀석은 군대에 들어가기 전, 친구와 함께
화실에 방문했었다.
맛있는 걸 먹이려고 식당에 데려가 앉았는데,
아들 녀석이 대뜸 자신의 야망을 펼쳐 놓았다.

"군대 갔다 와서 아빠를 넘어서는 사람이 될 거야."
"할 수 있냐?"
"물론이지! 제대하면 스물셋이야!"
"그렇게 하려면, 스물다섯 살 때 네 조직 만들고,
스물일곱 살 때 벤츠 몰고,
스물여덟 살 때 건물 사야 하는데?
서른 살 정도에는 어느 직업이든
네 일가를 이뤄야 해."
"아빤 운이 좋았네."
"운? 그런 건 없어.
지금 네 발밑에 바다 보이지?
저거 지금 당장 네 혓바닥으로 핥을 수 있겠어?"

"그런 짓을 왜 해?"

"넌 나 때문에 지금까지 잘 먹고 잘살았지만,

아빠는 밑바닥부터 혀로 핥고 올라왔거든.

그냥 입으로만 하는 마음가짐과

직접 밑바닥을 경험하고 올라오며 하는

마음가짐은 완전히 달라.

남자는 많이 당해야 해.

절망, 좌절, 고통, 이별 등등

뼛골에 각인되어야 제대로 세상을 볼 수 있어.

언제 생각날 때 네가 딛고 있는 바닥을 혀로 핥아봐.

그때 느끼는 감정이 밑바닥에서 느끼는 것과

거의 비슷하니까."

"에이…."

"그리고 한 가지 더."

"??"

"함께 들불과 같은 횃불을 들었던 사람들과는

끝까지 같이 가. 같이 행복하게.

인생 별거 없어.

그런 게 다야."

아직 사회를 제대로 경험하지 못한 아들에게
이런 말이 받아들여졌을지 알 수 없다.
하지만 내 이야기가 마음 깊숙이
가닿았기를 바란다.

아들놈은 이제 군인이 되었다.
녀석이 입소하는 날에는 마음이 싱숭생숭하면서
갑자기 아버지와 할머니가 생각났다.
나도 한때는 철없는 청춘이었는데…
이제 군대 간 장성한 아들을 둔 아버지가 됐다.
오래전 우리 할머니와 아버지의 마음도
내가 지금 아들을 보듯,
그런 똑같은 마음이셨겠지….
보고 싶다, 진짜.
살아계셨다면 때때옷(?) 입고서
나이 들어 부끄러움도 상관하지 않고
갖은 애교를 두 분께 보였을 텐데….

2021년 9월 19일

5일 전 군대 간 아들한테서 전화가 왔다.
2주 동안 코로나-19로 격리되어 있어서
아직 훈련도 하지 않고 밥도 잘 나오고
너무 편해서 걱정이란다.
추석이라고 집에 연락하라고 딱 10분을 부대에서 줬단다.
목소리를 듣는 순간 어찌나 반갑던지….
자기는 다 컸다고 생각하겠지만 내가 볼 땐
아직 먼 예전의 개구쟁이 꼴통(?)일 뿐이다.
이런 게 부모의 마음이겠지….

군에 입대하는 아들을 배웅하며

자식들에게 20대 초반까지는
부족함 없이 펑펑 쓰게 할 것이다.
명품 옷, 좋은 음식과 충분한 용돈,
럭셔리(?)한 라이프스타일까지 즐기게 할 것이다.
그리고 살다가 나중에 사회로 나가서
냉정한 현실을 느끼고 망가졌을 때
더 강하게 배운다.
아, 지금까지 내가 살아온 건
아무것도 아니었구나, 하고.
교육은 자기 스스로 피, 고름을 짜며
고통을 느꼈을 때 완전해진다.

자식 낳고 사는 입장이 되어 보니 알겠다.
이 세상에서 정말 진정한 사랑은
부모의 사랑이다.
어떠한 대가도 바라지 않는
정말 순수한 사랑.

내 새끼들 잘되라는
마음뿐인 사랑.
자식일 땐 모른다.
부모가 되니 알게 되었다.

나는 왜 그렇게도 그 사랑을 의심했을까?
돈이니 명예니, 부모의 사랑 앞에서는
다 부질없는 건데.
이 세상의 진짜는 너무도 발견하기 쉽게
주위에 있는데,
인간은 알아보지를 못한다.

'아버지가 그립다.'

KIM SUNG MO

SPIRIT

김성모의 근성론

> 돈 문제를 일으킨 사람은 욕하지 마라.
> 단지 돈 문제일 뿐이다.
> 자존심이나 자존감을 무너뜨리려는
> 사람들을 욕하고 밟아라.
> 그들은 해충이다.

KIM SUNG MO

SPIRIT

성공한 인생을 살려거든
돈의 집착에서 깨어나라

내가 세상을 그동안 잘살아온 건지(?)
개인 SNS 메시지로 힘든 사연을 보내며
남자답게 툭 까놓고 도와달라는 분들이 있다.
장문의 글들을 꼼꼼히 읽어보니
가슴 뭉클하고 눈물겨운 사연도 많다.
나 역시 그런 상황들을 수도 없이 겪어 보았기에

거짓이라는 생각은 전혀 들지 않는다.
그저 마음이 아플 뿐이다.
문제는 이런 분들이 수십 명이어서
누구도 도와드릴 수가 없다는 것이다.
대부분 정중하게 상황을 얘기하고 거절하는데
마음이 안 좋다.
결론은 내가 더 많이 돈을 벌어야 한다는 것이다.
몇천억 원을 가지고 있다면 몇억, 몇십억 정도는
그냥 쓸 수 있지 않을까?

젊었을 때는 떼돈 벌기에 혈안이 됐었는데,
나이 드니 다 부질없다.
나중 황혼기에 같이 놀 수 있는 사람들의 벌이가
더 중요하다는 것을 느낀다.

2021년 8월 23일

얼마 전, 21살 한 젊은 대학생이 사지(?)에 몰린
급박한 심정으로 나를 찾아왔다.
거친 환경에 지푸라기라도 잡고 싶은 심정으로
찾아왔던 것이다.
화실 주요 멤버들은 전부 반대했지만,
난 1초도 생각하지 않고 그 대학생에게
한 학기 등록금을 빌려주었다.
이유는 단 하나.
먼 옛날 내가 거울 속에서 보았던 내 눈을
그 녀석이 가지고 있었기 때문이었다.
내가 술 한두 번 먹지 않으면,
이 친구는 반년을 편안하게 공부할 수 있는 것이다.
얼마나 급했으면 먼 길을 찾아왔을까.
이것이 배신으로 끝나지 않길 바랄 뿐이다.

'작은 돈은 한 번 더 생각하지만,
큰돈은 바로 결정한다.'

젊은 날, 한창 잘나갈 때였다.

재벌 2세지만, 집에서 쫓겨난 친구에게서

전화가 왔었다.

백만 원만 현찰로 빌려달라고.

이놈이 장난을 치나, 했지만 진짜였다.

가까운 곳에 있으니 직접 받으러 오겠단다.

비록 집에서 쫓겨나긴 했지만

이런 친구(?)들의 인맥이나 능력은 상상을 초월한다.

마음만 먹으면 사업한다고 사기 쳐서

백만 원이 아니라 몇백억 원도 만들 수 있는

사람들이다.

오죽하면 돈을 쓰려고 마음먹는 자신들이

두렵다고 할까.

화실로 온 친구에게 백만 원을 주며,

무슨 일이냐고 물으니,

진짜 수중에 돈 한 푼 없고,

마음 편하게 백만 원 정도 빌릴 수 있는 사람이

나밖에 없었단다.
그러곤 얘기한다.

"성모야, 이 세상에서 제일 쉬운 일이 뭔 줄 아니?
돈 문제야.
아무리 얽히고설켜도 돈 문제만큼 쉬운 게 없어.
왜냐고?
돈 문제는 그냥 돈이 생기면 바로 해결되는 거니까.
얼마나 편해."

그 얘기를 들으며, 그땐 코웃음 쳤다.

"넌 새꺄, 돈 많은 인간이라 그렇지.
없는 사람들은 그게 최고 문제야."

그런데 세월이 지난 지금은 녀석의 말에
동의하게 됐다.
크든 작든, 어떤 상황이든 돈 문제가 가장 편하고
쉽게 해결된다.

진짜 사람을 괴롭히고 고통 주는 건
다른 문제들이다.
도저히 풀리지 않는 가슴속의 암 덩어리들을
안고 가는 상황들….
인간은 평생 배우다가 가는 것 같다.

백만 원을 꿔갔던 재벌 2세 친구가
다시 화실로 찾아온 것은 지금으로부터 약 10년 전,
그러니까 2011년이었다.
이번엔 20억 원을 현찰로 가져왔다.

"이게 뭐냐?"
"이거 너 다 줄게.
네가 어떻게 쓰든지 상관없어.
대신 당분간 나 좀 매달 먹고살게 해줘.
난 이거 가지고 있으면 바로 다 쓸 것 같아서 그래."

녀석은 집에서 쫓겨난 후
정처 없이 떠도는 생활 중이라는 것을

나는 이미 알고 있었다.
누군가한테 사업 거리를 하나 하게 해주고
많은 사례금을 받았는데, 흥청망청 쓸 것 같으니
나한테 주고 화실에 죽치려는(?) 계획인 것으로 보였다.
자기가 스토리 짜는 데에 재능이 있다는
주장과 함께….
나는 일언지하에 거절했다.

"난 친구랑 돈 거래 안 한다."

녀석은 황망한 표정을 지으며,
돈을 싸 들고 떠났다.
그리고 얼마 후,
녀석의 동네 선배라는 인간이 사기 쳐서
그 돈을 가지고 미국으로 가족과 함께 튀었다는
소문을 들었다.

'아이고….'

나는 속으로 탄식이 터져 나왔다.
그러곤 얼마 후부터, 그 친구는 술만 마시면
나한테 전화해서 고름을 짰다.

"이 새끼야, 내 이럴 줄 알고 널 찾아간 건데…!"

물론 웃으면서 던진 농담 같은 말이었지만,
내 가슴은 송곳에 찔린 듯 쓰렸다.
하지만 난 알고 있었다.
대가 없는 돈은 똥구멍이다.
팔수록 똥 냄새만 날 뿐이다.

그리고 최근에 그 친구를
우리 조직 영상사업단 단장으로 채용했다.
물론 녀석은 조건을 하나 걸었다.

"이번엔 돈 가져오면 얼마가 됐든
입 다물고 있어라."

KIM SUNG MO

SPIRIT

김성모의
근성론

> 항상 손해 본다는 마음가짐으로
> 사람을 대하고 일해라.
> 결코 손해 보지 않았음을
> 시간이 지나면 알게 된다.
> **그것이 인생의 묘미다.**

KIM SUNG MO

SPIRIT

진정한 남자를 이야기한다

남자에게는 남자만의 길이 있다. 아무리 세상이 변해도, 난 단 한 번도 뜨거운 심장의 불길을 외면한 적이 없다. 뜨거운 가슴이 있어야 뜨거운 사람들을 만나고 인생의 참 살맛을 느끼는 것이다.

  돈도, 명예도, 사랑도 솔직히 다 부질없는 것이다. 언젠가는 모두 사라진다. 엄밀히 말하면, 내 것도 아니다. 유일하게 죽을 때 가져갈 수 있는 것은 사내새끼로서 뜨겁게 잘

살았다는 자부심이다.

남자라면, 뻥과 허세가 있어야 한다. 하지만 뭣도 없으면서 거들먹거리기만 해서는 안 된다. 뻥과 허세로만 무장해서 성공은 할 수도 있겠지만, 제대로 된 남성상을 보인다고는 할 수 없다.

그리고 기회가 왔을 때는 가차 없이 승부사의 송곳니를 드러내고 턱주가리가 빠지도록 물어뜯어 갈가리 찢어버려야 한다. 단지 그것뿐인데, 많은 남자들이 하지 못한다.

기회가 왔을 때 절대로 주저하지 마라. 안도하는 편한 현재보다는 지옥에서 날아오는 면도날들을 온몸으로 맞거나 피하는 방식을 알게 되는 현재가 앞으로의 삶을 짱짱하게 만든다.

그리고 남자라면 명심해야 할 것이 있다. 나이가 들수록 사내는 좋은 음식, 좋은 옷, 광빨 나는 차 등 폼 잡는 데 돈을 써야 한다. 그리고 묵직한 체중과 두둑한 지갑을 유지하자.

나도 젊을 때는 위생이나 좋은 옷 등에 별로 관심이 없었다. 아무리 돈을 많이 벌어도 여름엔 5천 원짜리 면 T 한 장에 3천 원짜리 슬리퍼, 겨울엔 두꺼운 트레이닝복 한 벌이면 끝이었다. 야식은 늘 라면 하나로 족했다. 하지만 나이가 점점 들면서 완전히 달라졌다.

나이 들어가는 자연스러운 과정이지만, 늙어 가면 몸에서 여러 가지 냄새가 난다. 따라서 항상 청결과 위생에 신경 쓰고 적절히 냄새를 가려줘야 한다. 그뿐만 아니라 신발이든 옷이든 좋은 걸 폼나게 걸쳐야 하고, 살도 좀 찌워서 묵직한 느낌을 줘야 한다.

지갑도 좀 열어놔야 한다. 카드만 쓰지 말고 현금을 좀 들고 다녀야 한다. 그렇게 해서 때마다 누구에게라도 현찰 금일봉을 용돈으로 주며 격려하는 것도 카리스마 있고 폼나는 늙은이(?)의 모습이다.

물론 그런 생활을 할 수 있으려면, 젊었을 때 너무 놀아서는 안 된다. 쉬지 않고 열심히 일해야 한다. 공짜는 없다.

> **"남조**(男朝),
> 남자는 뜨겁게 불타오르는 야망으로
> 하루를 시작해야 한다."

2021년 6월 25일

오늘도 여지없이 아침 트레이닝이 잡혀 있다.
조금씩 몸에 어떤 기운이 오고 있는 게 느껴진다.

오래전 이십 대 후반 때 취재를 위해
거친(?) 인간들과 교류하고 다니던 시절에는
살기 위해서라도 열심히 운동할 수밖에 없었다.
시도 때도 없이 펼쳐지는 짐승들의(?)
서열 싸움과 폭행에 대항하기 위한 방편이었다.
그때 정말 많이도 맞았다.

이틀에 한 번 10km 달리기, 줄넘기 3천 개,
복싱, 합기도, 실전 격투 등등
강한 몸을 만드는 데 도움이 된다면 가리지 않았다.
마치 스프링처럼 몸에 탄력이 생길 만큼
단단하게 근력을 키웠다.
그 악마같이(?) 거침없고, 짐승같이 거친 인간들이
나를 쉽게 건드리지 못할 상태까지 몸을 만들었다.
타고난 밑바닥 근성으로 나조차도
건달인지 작가인지 모를 정도로 설치고 다녔다.

그 뒤로 20년 이상 몸을 방치했다.
다시 운동을 시작하고,
몸이 이제 조금씩 신호를 보낸다.
포기하지 않고 계속해나가면
예전 몸의 반의반은 되어 주겠노라고.
이번엔 건강을 위해서이다.
땀이 폭발하는 아침 운동이 점점 즐거워진다.

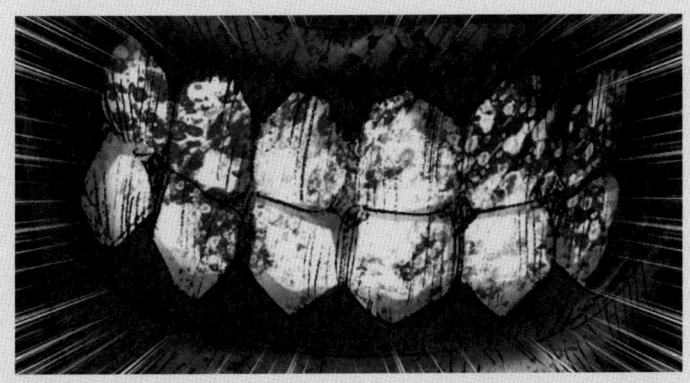

사람을 많이 부리고, 많이 대하다 보니 웬만한 일로 사람들을 매도하지 않는다. 넓은 아량(?)으로 그럴 수 있지, 어쩔 수 없는 상황이었겠지, 라는 식으로 넘어가기 일쑤다. 세상엔 그런 얄궂은 경우가 많으니까.

네이버웹툰에 다시 입성하면서 중대한 결정을 내렸다.

엄청난 작업량으로, 우리 화실 사람 모두 거의 혹한의 에베레스트산을 넘어가는 심정이었다. 마지막까지 중요한 것은 더더욱 팀 전력을 강화하는 것이었다.

고심 끝에 2018년도 트레이싱 사건의 주범(?)이었던 화실 멤버를 다시 화실 1진으로 복귀시켰다. (트레이싱 사건 후, 2진에 있었다.)

어쨌든 나와 23년을 같이해온 피 같은 혈맹인데, 한 번의 실수로 버릴 순(?) 없었다. 혹, 밖에선 살인자(?)라 매도해도 안의 가족은 품어줘야 하는 거니까. 그것이 밑바닥 시궁창에 처박혀서 같이 엉엉 울고 올라온 진정한 세월의 혈맹 아니던가…. 사실 스케치를 몇 장 그려보라고 시켰는데 쓸 만했다.

그래! 인생 뭐 있나. 살다 보면 같이 피 흘리며 갈 수도 있는 거지. 다시금 화실의 소금이 될 수 있기를 바라며, 마음을 다졌다.

나는 일상생활에서 벌어지는 일에도 잘 용서하고 넘어가는 편이다. 한번은 이런 일도 있었다.

도로 주행 중 신호 대기를 하고 있었다. 갑자기 쿵 소리와 함께 차체에 충격을 느끼고, 혹시 차가 노후해서 뭔가 잘못된 건가, 하는 생각이 스친 순간 뒤쪽 백미러를 보니 트럭 한 대가 가까이 돋아 보였다. 그 트럭이 내 차 뒤를 박은 것이었다.

내려서 트럭 운전사 쪽으로 가보니, 그는 연신 죄송하다며 고개를 숙였다. 내 차 트렁크 열리는 거 확인했고, 범퍼도 괜찮았다. 내 몸도 별 이상 없기에, 그냥 가라고 했다.

아저씨가 나보다 서너 살은 더 먹어 보이시는데 한눈에 보기에도 힘겹게 사는 것 같은 인상(?)이었다. 넓은 아량도 아량이지만, 이런 소소한 걸로 피곤한 상황을 만들기 싫었다.

그런데 사실 하루가 지나니까 문제가 드러났었다. 목부터 시작해 온몸이 심하게 결렸다. 이래서 교통사고 난 사람들이 아무리 작은 사고라도 병원 가고, 보험사 부르고 예민하게(?) 대응하는구나, 몸소 체험하며 알 수 있었다. 그래도 아량을 베풀었기에 마음은 편했다.

하지만 이런 나도 절대로 용서하지 않는 경우가 있다. 배신이다. 배신은 친동생이건, 혈맹이건, 친구들이건 절대로 용서하지 않는다. 반드시 사과를 받아내고 필요하면 무력(?)도 쓴다.

내 주변엔 유머러스함과 독특한 사고방식으로 내게 매력을 느끼는 사람들로 가득하지만, 그들은 동시에 절대 넘어가선 안 되는 선을 잘 알고 있다. 그 선을 넘어가면 살얼음판의 긴장감도 발생할 수 있음을 역시 잘 안다. 그 긴장감이 발생하기 전의 선을 지키는 것이야말로 진정한 예의이고 사랑이고 우정이다. 나 역시 한 번 맺은 관계는 절대 배신하지 않는다. 세상 모두가 그를 비난해도 그쪽에 선다.

사실 약 30년간 걸어온 만화계에서의 삶을 돌아보면, 온통 배신뿐이었다. 작은 화실을 처음 만들 때부터 배신을 겪어야 했다.

막 멤버들을 구할 때였는데, 전날 뜨거운 술 한잔을 함께 마시며 충성을 맹세한 인간들이 다음 날 연락도 되지 않고 튀어버렸다. 화실의 나아갈 방향을 열띠게 토론했던 인간들이었는데 말이다. 심지어 계약까지 해놓고 다른 작가 사무실로 버젓이 출근하는 인간도 있었다.

세상에서 제일 더러운 짓이 몸 파는 일이라는데, 그보다 더한 일이 있다는 걸 뼛골 깊이 느꼈다. 이 먹물 판이 얼마나 더러운 곳인지 경험으로 실감했다. 그 후 언제나 술만이 인간에 대한 실망감을 달래주었다.

사실 얼마 전에도 배신을 당했다. 이런 배신을 당하지 않으려고 죽어라 노력해서 여기까지 왔는데, 다 소용없는 짓인가, 회의감이 들었다. 아직 만화계 호적에 잉크도 마르지 않은 인간에게 당하다니.

만화계는 그림 잘 그린다고 해서, 글 잘 쓴다고 해서 반드시 성공하는 곳이 아니다. 그런 능력은 성공 확률을 높여줄 뿐이지 절대적인 게 아니다.

배신만은 참지 않는다고 해도 사실 쉽게 인간관계에서 복수하겠다고 달려드는 편은 아니다. 복수할 만한 상황을 만들지도 않는다. 약한 이를 상대로 복수해서 무엇 하겠나, 싶다. 그저 술 한잔 홀로 꺾으며, 그 인간의 미래를 응원이나 해 줄 수밖에.

"잘돼라, 기필코!
하지만 잘 안되면, 나는 네 곁에 없을 거다.
네가 혹시 땅바닥에 떨어졌을 때
엉엉 같이 울어줄 한 놈은 없어진 거다."

이런 생각이나 할 뿐이다. 한 번 초연해지겠다 마음먹었으면, 쩨쩨하게 굴어서는 안 된다. 우직하고 단단하게 제 갈 길 가야 한다. 작은 손해에 연연하지 말고, 멀리 크고 넓게 봐야 한다.

이십 대 후반 큰 조직을 만들었을 때 단순, 무식한 성격과 행동으로 어느 순간 항상 손해를 보고 있다고 생각됐던 적이 있다. 하지만 타고난 천성은 고치지 못한다. 그런 일들 또한 술 몇 잔에 잊어버리기 일쑤였다.

결국은 그 손해가 진짜 손해가 아니었다는 걸 알게 되었다. 시간이 지나고 보니, 나한테는 진정한 사람들이 남아 있었다. 내가 한순간 손해라고 생각했던 일이 그 사람들에게는 진심으로 느껴졌던 것이다. 요즘은 누가 봐도 대단한 사람들이 나를 진심으로 좋아해 주어서 행복하다.

유년 시절부터 거칠고 어렵게 살아와서 진짜를 보는 눈이 자연스럽게 길러졌다. 남자들의 진정한 우정은 시궁창에 함께 처박혀 봐야 나온다. 진정한 우정은 세상에 처맞고 박살 나서 밑바닥에 떨어졌을 때 서로 부둥켜안고 엉엉 피눈물을 쏟아낼 수 있어야 끈끈하게 형성된다. 서로 눈만 쳐다보아도 알 수 있는 비참함, 초라함을 나눠봐야 나온다. 주머니를 서로 뒤져 나온 몇 푼으로 산 소주 두 병, 안주 한 접시를 앞에 두고 함께 슬픔을 나눠본 사람들이 진짜 혈맹이다. 그때 먹는 술은 세상 그 어느 술보다 달고, 가슴 깊숙이 무언가 뜨거운 것을 끌어올려 준다. 온몸으로 퍼져 전율하게 한다. 나락으로 떨어져서 서로 부둥켜안고 엉엉 울 때 사나이들의 심장은 더욱 단단해지고 뜨거워진다. 인간들은 그렇게 만나야 하고 그렇게 만난 사람들은 배신하지 않는다.

남자는 무조건 기세를 타야 한다. 그 기세가 자신도 알지 못하게 천하를 제패하도록 한다. 그래서 난 남자건 여자건 같이하는 멤버들에게 늘 심장의 텐션을 두근두근하게 할 만한 말을 한다.

"넌 최고야!"
"우와, 어떻게 이런 생각을!"
"엄청나게 멋지다!"
"아무도 널 못 이겨. 다 쓸어버려!"
"사실 이제 고백하는데,
첨 봤을 때 네 눈빛은 무시무시했다!"

그런데 이제 안 통하는 놈들이 두 놈 있다. 재담 황남용 대표와 카르만 최해웅 대표다.

"아! 이제 좀 고만 하이소. 알았다니까.
뻥 좀 고만 치소, 마!"

말은 그렇게 해도 이 둘은 고마운 사람들이다.
2018년 트레이싱 사건으로 만신창이가 됐을 때, 제아무리 강심장인 나도 슬픔에 휩싸였다. 슬픔에 빠진 나를 위로해주는 건 술이 전부라고 생각했다. 그러나 주머니에는 단돈 15,000원밖에 없었다. 술 한 잔도 못 먹을 돈….
그래도 딱히 연락할 사람도 없었다. 그때 최 대표가 떠올랐다. 전화해서 술 한잔하고 싶다고 하자, 거리가 멀어 못 간다고 실망스러운 말을 했다. 그런데 술 한 잔 값은 부치겠다며 아쉬움을 달려주려고 했다. 얼마나 보냈나 통장을 봤더니 무려 1,150만 원을 부쳐준 것이었다. 대출까지 받아 가진 돈을 다 털어서….

"그래도 김성모가 최고다, 마!
형 좋은 술 먹어. 힘내라, 천하제일 김성모!"

결국, 술값은 5만 원도 쓰지 않았다. 밤새워 우느라 휴지값이 더 들었을 듯…. 그래서 나는 그 이후 녀석의 말에는 토를 절대 달지 않는다. 그 마음을 본 이상 목숨 빼곤 뭔들 못 주겠나.

이런 것만이 진정한 우정이고 남자들의 끈끈한 정이라고 말할 수는 없다. 하지만 이런 인연이 곁에 있는 사람이라면, 진정한 우정을 논할 수 있다고 생각한다. 그 우정은 내가 지금까지 버틸 수 있게 해준 가장 큰 버팀목이 되어주었다. 그 우정과 의리는 바로 근성의 다른 이름이다.

2020년 9월 14일

눈물 많아지고, 감성 충만해지는 게
갱년기 증상이라며,
호르몬 주사 맞으라는 주위의 권고를 듣는다.
젠장, 그런 게 뭐 필요 있어.
아침에 눈 떴을 때,
오른손으로 내 귀싸대기 몇 방 날리면
정신 번쩍 나고 텐션이 그냥 올라오는데.
내 오른손이 남성 호르몬이다!

1996년, 홀로 쪽방에 앉아
『마계대전』 그리면서 한 장 찰칵!

지천명의 나이에 새롭게 만나는 인연은 각별하다. 이때 내가 선택해 만난 진실한 인연의 사람들은 절대 놓치지 않는다. 잘났든, 못났든 다 상관없다. 갈등이든 뭐든 눈 한 번 질끈 감고 받아들이고, 모두 사내답게 이해하면 그뿐이다. 좀 마음에 안 들어도, 서운한 것이 있어도 이해하고 참을 것이다. 이젠 욕망도 나눠 쓸 수 있는 나이이다.

왜냐하면, 이들은 나의 인생 마지막까지 곁에 있어 줄 사람들이기 때문이다. 누가 먼저 갈지는 모르지만, 내 죽음이나 그들의 죽음까지 같이 갈 사람들이고 내 장례식장에 와서 비통해하고 애도를 표할 사람들이기 때문이다. 소중한 삶의 후반기 인연이다.

늙어갈수록 남는 건 사람뿐이다. 그것을 모르는 사람들이 불행한 말년을 보내다 죽는다. 돈? 쌓아놓고 있어봤자 다 부질없다. 돈이고 명예고 다 부질없는 장난이다. 인간은 심연 속에서 진심으로 느껴지는 사랑과 우정을 심장으로 아는 것이 진짜다. 그런 감동으로 이 거친 세상을 살아가는 게 남자다.

김성모의 근성론

> **명확하게, 그러나 순수하게 살아라.**
> 세상은 누구보다 이를 먼저 안다.
> 그리고 그런 이에게 행운을 준다.

KIM SUNG MO

SPIRIT

어떤 인생을 살 것인가?

공개적인 장에서의 내 글쓰기 철학은 오로지 있는 그대로의 내 모습을 보여주는 것이다. 일부러 아름답고 보기 좋은 모습만 보이려 하지 않고, 때론 실수와 건방도 있는 그대로 보여준다. 아울러 나 자신을 담금질하기 위한 재충전의 의미도 있어서 더욱더 꾸미지 않고 있는 그대로의 내 모습을 적어 올린다.

SNS, 유튜브뿐만 아니라 다양한 곳에서 솔직한 나의 모습을 보여주다 보니 오해하는 사람들이 있다. 길거리에서 담배 피고, 침 뱉고, 시비 붙어 싸우는 등 저속한(?) 모습들을 그대로 이야기했더니 비난하는 사람들이 있다. 말과 다른 모습에 실망하였다느니, 사과를 제대로 하라느니, 그런 사람인 줄 몰랐다느니 하는 분들도 적지 않다. 한술 더 떠 어떤 분은 SNS 메시지로 장문의 '바르게 살기' 인생 강좌를 근엄한(?) 문체로 적어 보내주셨다.

  나는 예전부터 주위 눈치 따윈 아랑곳하지 않는 독보적인 이단아였다. 그런데 그런 성격 덕분에 만화계에서 30년간 버틸 수 있었다고 생각한다. 충고든, 지적이든 별로 새겨듣지 않는다. 나이 오십에 사람이 바뀌겠는가? 그저 이 모습이 내 모습이고 내 진정한 캐릭터다. 포장하기를 원하는 것인가? 난 그렇게 살 인간이 절대 아니다. 절이 싫으면 중이 떠난다. 절 옮기라 하지 마시라.

  솔직히 조금 억울한 생각이 든다. 아무리 자극적인 게 더 눈에 들어오기 마련이라지만, 왜 일부분만 보고 나를 판단하는 건지 답답할 뿐이다. 사회 질서를 무조건 지키는 '바른 생활 사나이'라고 말할 수는 없지만, 남에게 큰 폐를 끼치지 않고 나름대로 바르게 살아왔다고 생각한다. 살아온 과정상 어쩔 수 없었지만, 올바른 가치관을 마음속에 새기고 살아왔다고 자신한다.

20년 전 작품 창작을 위해 조폭들에게 접촉했었다. 그러다 간신히 연결되어 건달들하고 이야기할 기회를 만들 수 있었다. 그들과 만나면 내가 물어보았던 첫 질문은 항상 이거였다.

"복싱, 격투기, 씨름 등 분야 상관없이
운동선수와 싸우면 이길 수 있으십니까?"

이런 질문에 대답은 누구나 똑같았다. 뭣 모르고 싸웠다가 개쪽팔림을 당했었다고…. 건달이라면 누구나 한두 번쯤은 그런 망신을 당한다고. 건달들이라고 다 거들먹거리는 건 아니구나 싶었다. 그렇다고 하니 그런 줄 알았다. 그런데 그게 아니었다.

건달에게 망신을 준 사람들은 짧게는 6개월, 길게는 1년 뒤에라도 꼭 복수를 당했다. 칼침을 맞거나 뼈가 부러지거나…. 볼링공으로 머리통을 가격당해 안와 골절로 눈알이 내려앉은 걸 보기도 했다.

건달은 사람을 해하는 것이 일이기 때문에 그들을 힘으로 제압했다고 뻐기다가 언젠가는 참혹하게 당한다. 그들은 굳이 복수를 위해 저지르는 뒷얘기를 하지 않을 뿐이다.

얼마 전 SBS 시사 교양 프로그램인 〈그것이 알고 싶다〉에서 보험 보상금 때문에 억울하게 살해당한 것으로 보이는 고 윤상엽 씨 사건을 다룬 적이 있다. 당시 그 후폭풍으로 우리 사회가 시끌시끌했다. 그리고 얼마 전 그 사건의 전말이 밝혀지고 사건의 주범인 피해자의 부인과 공범인 그녀의 내연남이 잡혔다.

나는 20년 전 『빨판』이라는 작품을 준비할 때 강남에서 활동하는 제비족을 취재했었다. 그는 1,500명을 작업(?)한 특급 제비족이었다. 그때, 이런 일들은 비일비재하다는 걸 알 수 있었다. 그들은 우리가 상상할 수도 없는 일들을 눈 하나 깜짝하지 않고 저지른다. 그처럼 성실히 살아온 사람도 꾀어내는 게 그들의 기술이다. 조금만 방심하면, 그들에게 당하기에 십상이다. 제비와 꽃뱀, 그들은 심지어 서로 당하고, 서로 해 먹는다. 돈이라면 물불을 가리지 않는 인간들이다.

『빨판』 6권의 표지

    그러한 범죄를 저지르는 이들은 조금이라도 방심한 틈을 노려 어느샌가 우리를 해한다. 당하지 않으려면 정신 바짝 차리고 살아야 한다.

    명심하자. 사람 해하는 것을 일로 삼는 자들과는 아예 처음부터 관계를 가지지 말아야 한다. 나도 한때 많은 애로사항이 있었다. 그러려면, 일단 바르게 살아야 한다. 바르게 산다는 건 고작 길거리에서 담배 피고, 침 뱉는 등을 이야기하는 게 아니다. 일반인들이 그들에게 당하지 않는 방법은 단 하나다.

'옳은 가치관을 가져라.
그리고 그 옳은 가치관으로 몸을 이끌어라.'

모두가 인정하는 사회 규범이라든가 정도를 지키며 사는 게 얼마나 어렵고 중요한 것인지, 그때 작품에 참고하기 위해 취재하며 뼈저리게 각인되었다.

살아가면서 영향을 준 성공한 자들의 말에는 겸손, 정직, 신뢰, 믿음 같은 것들이 그 바탕에 깔려 있다. 어떤 일에 임할 때 이와 같은 올바른 가치관은 성공에 도달하는 데 필요한 매우 중요한 것임이 분명하다. 그러나 그것만으로는 부족하다. 거기에 더해 누구도 침범할 수 없는 강한 정신력을 지녀야 함을 모두가 깨닫기를 바란다.

2021년 9월 21일

어젯밤,
내 또래의 어느 술 취한 인간이 시비를 걸었다.
말도 안 되는 시비였다.
난 고개를 숙이고 그저 그의 말을 따랐다.
내 고분고분한 모습을 옆에서 보고 있던 해웅이는 순간 폭발.
그 인간 앞으로 튀어 나가 맹수가 되었다.
난 간신히 웅이를 말렸다.
강한 웅이의 반발에 술이 순간 깨는지
그 인간의 비굴한 움찔거리는 눈빛….
그리고 순간 느껴지는 같은 또래로서의 연민, 비참함….

'왜 그러고 사니?
왜 그렇게 나이를 먹었니?
왜 그거밖에 안 되니?'

나를 항상 바로 세워야겠다는
강한 배움을 타인을 통해 느낀 날이었다.
슬프다. 술은 이기는 술만 먹어야 한다.
그렇게 술에 져 함부로 시비 걸다가
제대로 된 임자(?) 만나는 날
평생 후회할지 모르는 개 같은 고통의 기억이
만들어질 수도 있다.

난 가끔 혼잡한 재래시장에 가보곤 한다. 머리 아플 때나, 뭔가 답답할 때 그곳을 찾는다. 시장을 돌아다니다 보면, 왠지 모르게 기분이 풀리는 것을 느낀다.

얼마 전에도 복잡한 마음을 안고 재래시장에 갔다. 그런데 엉엉 울고 돌아와 버렸다.

시장을 돌아다니다가 변두리쯤 가보니 80대는 족히 되어 보이는 할머니가 힘들게 쭈그려 앉아 시래기를 팔고 있었다. 나는 그날도 그냥 지나치지 못하고 노점 앞으로 가 이야기했다.

"이거 제가 전부 살게요."

그러자 할머니는 놀라 되물었다.

"증말?"
"네. 제가 식당 하는데, 마침 필요해서요."

당연히 식당을 운영하는 건 아니지만, 둘러대느라 그렇게 말했다. 그러자 할머니는 너무나 감격한 표정으로 이렇게 말씀하셨다.

"어이구, 어젯밤에 돌아가신 아버지가
꿈에 나오시더니 이런 경사가 있나!
아버지, 감사합니다."

순간 머리가 퉁 했다. 이렇게 나이를 많이 잡수신 할머니에게도 아버지가 있었구나, 아니 나이를 먹을 만큼 먹어도 아버지를 찾게 되는구나, 하는 사실이 떠올라 머리를 때렸다.

할머니는 사실상 내게 필요도 없는 배추, 파, 마늘 등을 덤으로 잔뜩 챙겨주셨다. 그러면서 계속 '아버지'를 중얼거리셨다. 그러다 할머니와 딱 두 눈이 마주쳤는데, 팔순 할매의 두 눈에 눈물이 그렁그렁 맺힌 걸 봤다. 할머니는 울고 계셨다. 그 순간 나도 왠지 모르게 눈물이 왈칵 쏟아져 버렸다. 왠지 모를 슬픔이 갑작스레 나를 덮쳐왔다.

수중에 있는 돈을 다 털어서 몽땅 할머니에게 드리고 차로 돌아왔다. 가슴이 시큰시큰 저려서 견딜 수 없었다. 어쩐지 감격의 순간에 '아버지'를 찾는 그 할머니의 모습이 계속해서 머릿속을 떠나지 않았다.

　인생, 공수래공수거(空手來空手去), 부질없다. 무엇을 위해 사는 건가? 어차피 그리움만 남기고 모두 갈 텐데.

　　　반백 년 넘게 살아온 몸이다 보니 어딘가
　　　안 좋다는 느낌을 종종 받는다.
　　　무엇보다 그동안 너무 스트레스받으며
　　　달려왔나 보다.
　　　지금도 매일매일 극강의 스트레스를
　　　안고 살아간다.
　　　그럴 때면 문득문득 19년 전에 떠난
　　　친구가 생각난다.
　　　하늘에서 잘살고 있겠지.

　　　스트레스를 해소하는 방법으로 음주를
　　　선택하고 버린다.

문제는 혹시라도 만취했을 때
평소의 조그마한 불편함이 도화선이 되어
다이너마이트 터지듯 폭발하는 경우가
있는 것이다.
젊었을 때는 아무리 술에 취해
추한 모습을 보여도
사내의 취기라며 변명할 수 있었는데,
나이가 드니 변명이 소용없다.
너무나도 창피하고 자괴감도 든다.
지천명의 나이가 되었으니, 술을 이겨내고
술의 장점만을 취해야 하는데, 쉽지 않다.
아직 폭발하는 에너지가 있다는 건 좋지만,
이것을 반드시 조절해야겠다.
이제는 운동으로 스트레스를 푸는 데
버릇을 들이고 있다.
세상 모든 것은 몸 관리가 우선임을
다시금 깨닫는다.
어쨌든 인생 재밌다.

부산에 강의하러 다니면서
비행기를 수시로 탔다.
그때마다 하늘에서 아래를 내려다보면
깨알 같은 사람들의 모습이 보였다.
위에서 바라본 그 모습은 마치
잠시 소풍하러 온 사람들의 모습 같았다.
맞다.
인생은 잠시 왔다 떠나는 소풍 같은 것이다.
보통의 수명대로 살다 간다면,
나에게 아직 30년 정도의 세월이 남았다.
남은 소풍의 시간을 잘 보낼 수 있을까?

40대를 불혹(不惑)이라 하여 세상의 유혹에 넘어가지 않는 나이라고 해서 기대했는데, 막상 그 나이대가 됐더니 오히려 유혹에 더 넘어갔다.

50대를 지천명(知天命)이라 하여 하늘의 뜻을 아는 나이라 하여 기대했는데, 막상 그 나이대가 됐더니 하늘의 뜻을 안다는 게 다른 의미인 걸 알았다. 인간들의 눈만 봐도 어떤 놈들인지 훤히 보이는 선구안을 가지게 된다는 이야기인 걸 알겠다. 50년을 살다 보니 사람 보는 눈만큼은 확실히 열렸다.

아직 꽤 남았지만, 60대는 이순(耳順)이라고 하던데, 또 무엇이 어떻게 되고 어떤 걸 알게 될까? 하지만 적어도 귀가 순해질 것 같지는 않다.

내가 생각하는 노인이 되었을 때 나의 모습은 일반적인 인자하고 자상한, 곱게 늙은(?) 모습이 아니다. 여전히 열정 있고, 담대하고, 천하에 한 방을 날리겠다는 정열과 근성이 남아 있는, 그런 삶을 사는 모습이다.

얼마 전 30년 지기 친구인 천창욱 MMA 해설자가 떨리는 목소리로 전화했다. 6연승 중인 천하의 유망주가 UFC 가기 직전에 한낱 쩌리(?) 같은 선수에게 참혹하게 발렸노라고, 근성이 무엇인지 눈앞에서 목격하게 되었노라고.

영원한 최강의, 불패의 인간은 절대 없다. 상대가 인간이라면 내가 실수했듯이 그놈도 반드시 실수할 때가 있다. 언제였던가, 배구 경기를 보다가 그 사실을 다시 실감할 수 있었다. 대선수 김연경이 있는 흥국생명이 약한 팀에게 완파 당하는 걸 본 것이었다. 세상엔 이런 일이 비일비재한데 보통 사람들은 시작하기도 전에 겁을 집어먹는다. 인생이나 승부는 본래 신도 알 수 없는 것이다. 그래서 인간은 근성을 보여야 하는 것이다. 제아무리 잘나고 강해도 인간일 뿐이다. 인간이 인간을 왜 못 이기겠는가?

중요한 것은 버티는 것이다. 무너질 듯 힘들고 어려운 상황에 부닥쳐도 끝까지 버텨야 한다. 아무리 구석에 몰려 있어도 끝까지 흰 수건을 던지지 말고 악착같이 버텨야 한다. 나도 지금까지 버티는 삶을 살아왔고 버티다 보니 지금에 이를 수 있었다. 버티다 보면, 반드시 기회가 온다. 삶이 원래 그런 거다. 정신만, 근성만 살아있다면 언제든 역전 가능한 것이 인간세계다.

그리고 나는 항상 나이를 잊고 살려고 한다. 50이 넘었지만, 아직도 가슴속에 불끈불끈 솟아오르는 뜨거움이 남아 있다. 그래서 항상 싸우고 사랑하고, 미친 듯이 일한다. 나는 죽을 때까지 세상과 싸우고 싶다. 겸손 따위는 가지고 싶지 않다. 그렇게 생각할 만큼 세상을 이기고 싶다. 그저 세상을 이기기 위해 강해지고 싶어질 뿐이다.

살아오며 자연스레 새겨진 삶을 대하는 이런 마음가짐과

자세는 분야 상관없이 어떤 예술 작품이나 다른 이의 인생, 혹은 사물을 보는 시각에도 영향을 끼친다. 나는 다른 이와 관점이 좀 다르다.

예를 들어, 예전 영화 〈터미네이터 2〉를 이야기하면 누구나 T-101과 존 코너의 우정이나 숨 막히는 전투를 떠올린다. 특히 영화 마지막 부분에서 T-101이 용암에 가라앉을 때 'I'll be Back'이라고 하며 엄지를 척 들어 올리는 장면은 누구나 아는 명장면이다. 나도 그 장면이 꽤 잘 만든 영화적 장치라고는 생각한다. 하지만 나는 그런 장면에서는 그다지 감동하지 않았다. 〈터미네이터 2〉에서 내가 감동한 것은 다른 부분이다.

나는 존 코너와 T-101을 척살하기 위해 죽을힘을 다하는 최신형 기계 인간의 고군분투에서 특히 큰 감동을 받았다. 마지막까지 몸이 다 부서져도 목표한 타깃을 제거하기 위해 온 힘을 다하는 그 처절한 시도, 난 그 노력의 장면에서 제일 큰 감동과 전율을 느꼈다.

내가 19세였던 1987년에 개봉한 홍콩 누아르 영화 〈첩혈쌍웅〉(주윤발, 이수현 주연)은 내 삶에 많은 영향을 끼쳤다. 이 영화에 나오는 대사 중 나의 뇌리에 영원히 각인된 명대사

남자의 근성

가 있다.

"개같이 살기보단 영웅처럼 죽고 싶다!"

이 대사는 나의 신념이 되었다.
안중근 의사는 이러한 대사에 딱 맞는 삶을 산 분이다. 물론 일본의 영웅, 조선의 원수 이토 히로부미를 암살한 역사적 사실에 안중근 의사를 진심으로 존경한다. 그러나 안중근 의사에게서 특별히 진짜 멋지다는 느낌을 받은 것은 사형 선고를 받은 후 판사에게 마지막으로 외친 말에서였다.

"겨우 그거냐! 사형보다 더 심한 것은 없는가?!"

안중근 의사의 이 말에서 두려움 없는 신념과 근성을 온몸으로 느낄 수 있었다. 어차피 모두가 죽는데, 이렇게 살다 가는 것도 멋지지 않은가. 절대로 무너지지 않는 가슴을 안고서….
한 번 찍으면, 물어뜯으면 절대 놓지 않는 것, 절대 포기하지 않는 것, 죽을 때까지 멈추지 않는 것…, 그것이 바로 근성이다. 근성은 승부를 역전하게 하고, 끝까지 버틸 수 있게 한다.

영웅이 될 수는 없겠지만, 근성을 마음속에 새기고 살면 절대로 지지 않는 삶을 살 수 있다. 인생사, 근성만 있다면 어떻게든 살아갈 수 있다. 여러모로 힘든 시기이지만, 모두 근성으로 잘 버티며 살기를 빈다.

어떤 일을 하기로 결심하면, 무조건 뛰면서 생각한다. 돌다리도 두드려보고 건너는 스타일은 아니다. 일단 저질러놓고 생각한다. 자금이 없으면 자존심은 제쳐두고 이리저리 손 벌리고, 이놈이다 싶으면 열고초려를 해서라도 데려온다.

열정, 근성, 무조건 된다는 자기 세뇌, 극강의 텐션이 내가 일하는 자세다. 주도면밀한 천재성을 띤 느긋한 연구보다는 일단 해보고 깨지면서도 굳건히 나아가는 것이 성공의 열쇠라고 생각한다.

일의 성공에 있어 가장 중요하게 여겨야 하는 것은 자금도 아니고, 아이디어도 아니고, 제품의 질도 아니다. 일하는 사람이 가장 중요하다. 모든 게 인간이 하는 일이다. 그래서 항상 사람을 아끼고, 사랑하며(?), 대우한다. 대우받고 있다는 마음을 지닌 인간의 심연 속 전투력은 어마어마하다. 리더는 함께 일하는 사람의 전투력을 최대한으로 끌어올려야 한다. 그게 가장 중요한 역할이다. 30년간 수백 명의 사람을 다뤄본 경험에서 우러나온 생각이다.

그러다가 만약 일이 실패하면?

나는 『삼국지』에 등장하는 조조의 명언들을 신봉한다. 실패는 그저 '병가지상사(兵家之常事)'일 뿐이다. 이기고 지는 일, 성공이나 실패는 인생에서 늘 있는 것이다.

내가 만화계에 발표했던 약 400개 타이틀 중 히트 타이틀은 단 7개뿐이다. 나는 393개 타이틀이나 실패했다. 그래서 언제나 최선을 다하되 결과의 승패에는 초연하다. 그것이 나다.

실패를 두려워하는 것보다 더 나약한 것은 시도조차 하지 않는 자세다.

"저걸 왜 해?"

"저런 걸 왜 만들어?"

"그 돈과 그 시간으로 딴 걸 하겠다."

(하지만 절대 행동하지 않는다.)

이런 게 세상에서 제일 한심한 인간들이 하는 말이다. 특히 고지식하게 나이 먹은 사람들이 이런 이야기를 많이 한다. 나이 처먹어도 웃기는 놈들이 많다. 그러니 젊은이들에게 '틀딱'이니, '꼰대'니 소리도 듣는 거겠지. 이윤이 나든 나지 않든, 미래가 있든 없든, 일단 뭔가를 만들고 뭔가를 해야 어떤 일이든 일어난다. 물론 아무 일도 일어나지 않을 수도 있지만, 움직여야 나중에 기회라도 찾아온다.

솔직히 지금까지 주변에서 이런 말을 끊임없이 들어왔다. 충고를 가장한 영혼 없는 내뱉음. 그런데 그런 인간 중에 현재 나보다 나은 놈이 하나 없다. 제발 의미 없는 충고와 조언은 그만 해라. 귀와 코는 항상 열려 있게 설계되었고, 눈과 입은 닫을 수 있게 설계되었다. 신이 그렇게 만든 이유가 있다.

그리고 또 흔히 듣는 말이 있다.

"예전에는, 그때는, 상황이나 여건이나, 기회 등이
지금과는 달랐다. 그때는 쉬웠다."

이런 말들이다. 하지만, 그때를 경험한 사람으로서 한마디 하고 싶다.

"그때도 지금과 다르지 않았다.
그리고 핑계 대지 마라. 함부로 얘기하지 마라."

그때를 살며, 제대로 열정을 불태워 노력해보지도 않은 사람들이 가벼운 생각으로 쉽게 이야기하는 걸 보면, 한숨이 나온다.

진짜 힘든 기억은 영원히 인간의 머릿속에 각인된다. 나는 처참한 경험을 수도 없이 했다. 새끼는 태어났는데 주머니엔 십 원 한 장 없어서 동네 놀이터에 앉아 엉엉 운 적도, 황량하고 잔인한 세상 어떻게 걸어가야 할지 너무 힘들어서 갈 길을 잃은 적도 한두 번이 아니었다. 그렇다고 지금이 더 살기 쉽다고 이야기하는 것은 아니다. 과거나 지금이나 제대로 살아가기에 힘든 건 마찬가지라는 말이다. 세상에 그냥 쉽게 되는 건 아무것도 없다.

냉혹한 삶의 진실을 벌거벗고 마주할 때가 인간에게 가장 추울 때다.

이빨이 딱딱 마주칠 정도의 추위와 맞서고 굶주린 창자까지 느껴질 때, 또 주머니에 백반 하나, 빵 하나 사 먹을 돈도 없을 때, 구차하게 연락해서 구걸할 사람도 없을 때, 인간은 삶의 무서움과 절망 같은 것을 진하게 느끼게 된다. 아이러니하게도 그때가 가장 인간의 근본적인, 악귀 같은 전투력이 올라올 때다.

그때 이것을 잘 써야 한다. 이때 솟아난 전투력을 순수한 용도로 자신의 일과 연결하면, 그야말로 어마어마한 텐션과 결과물을 얻을 수 있다. 그래서 조금이나마 그런 것을 얻기 위해 나는 일부러 좀 춥고 거칠게 잠자리를 가진다. 아침에 눈을 떴을 때 추위와 함께 내뱉어지는 자연스러운 쌍욕은 그날 하루의 결과물에 지대한 영향을 미친다.

배부른 돼지에게 절대 영광의 결과는 없다! 대충 자고, 거칠게 먹고, 앞에 놓인 일에만 모든 것을 집중한다!

2021년 10월 13일

누군가 『야망 4인조』의 한 부분을 올려놓은 것을 봤다.
저 작품을 만들 때 나는
핵탄두가 터지는 절망과 고통을 느끼고 있었다.
다시 시작하는 용기가 세상에서
제일 아름답고 멋진 일이다.
세상 모든 마음은 다른 사람들 것이라도
내 마음만큼은 내 것이다.
그리고 그 마음이 '천하'다.
무릎 꿇지 마라.
절대!

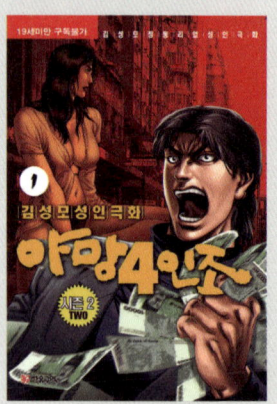

『야망 4인조』의 표지

『야망 4인조』의 한 장면

'내가 최고다, 천하를 제패하겠다', 센 말로 세상에 떠벌리고 큰소리치는 건 진짜 내가 그렇다는 게 아니다. 불안해서 외치는 다짐이다. 인간은 불안하면 더 열심히, 절벽 끝에 몰리면 더욱더 열심히 하는 존재들이니까. 나를 채찍질하는 외침이다. 진짜 잘났다고 생각해서 그렇게 말하는 게 아니다.

그것은 자신감, 자존감을 절대로 잃지 않겠다는 의지이다. 분명히 자신감과 자존감은 우리의 근성을 끌어올려 우리를 버티게 하고 발전하게 한다. 자신감과 자존감을 높이는 거짓말과 허세는 자신의 열정을 불타오르게 해 목표에 도달하도록 이끈다. 성공하려면, 자신감, 자존감, 극강의 텐션 등을 겸비해야 하고 거짓말과 허세, 화려한 말빨로 다른 이의 마음을 얻을 수 있어야 한다. 일단 자신과 모두에게 절대적으로 거짓말해라.

특히 한 방을 원한다면, 그런 직업에 있다면, 이처럼 하얀 거짓말은 반드시 지녀야 할 덕목이다. 만화가도 마찬가지이다. 로또 1등에 당첨될 확률은 벼락 맞을 확률보다 낮지만,

만화가로 성공하는 것은 로또보다는 훨씬 확률이 높다. 그래서 나는 만화계 후배들에게도 이처럼 조언하고 싶다.

언제나 담대하게 거짓말해라!

"전 세계를 제패할 작가,
일본 작가들과 싸워 이길 대히트작을 낼 수 있는
작가는 오직 나뿐이다!"

이렇게 계속 거짓말하다 보면, 어느새 그 거짓말을 이루기 위해 조금이라도 노력하는 자신을 발견하게 될 것이다. 이러한 거짓말은 일종의 자기 최면이자 자신감을 끌어올리는 도구이다. 혹시라도 운까지 따라줘 히트를 치게 된다면, 그 파괴력은 몇십 배가 될 것이다. 그때, 주변 모든 이는 우리를 향한 과거 자신의 긍정적인 판단을 납득할 것이다.

'저 친구는 저렇게 될 줄 알았어!'
'결국 해내는구나!'
'어쩐지 예전부터 뭔가 다른 기운이 있었어.'

인간은 반전 상황을 목격할 때 가장 감동한다. 과거에 품었던 부정적인 의심은 어느새 눈 녹듯 사라져, 마치 없었던 일처럼 될 것이다.

그렇다고 아무것도 하지 않으면서 오롯이 거짓말만 하고 다녀서는 안 된다. 그것은 전형적인 사기꾼의 모습이다. 특히 남을 해칠 만한 거짓말을 하는 건 자신을 쓰레기로 만들 뿐이다. 진짜 쓰레기, 밑바닥, 구제 불능이 되지 않으려면, 남에게 피해 주는 거짓말을 해서는 안 된다. 그저 자신감을 내세우는 거짓말로 끊임없이 노력해야 한다.

세상의 성공한 모든 이도 거짓말로 시작해 잘된 것이다. 지천명까지 살다 보니, 아무리 성공한 사업가라도 저런 사기꾼과 종이 한 장 차이일 뿐이라는 걸 알게 되었다. 아무리 거짓말하고 허세를 부려도 성공하면 대접받고, 실패하면 사기꾼이 되는 세상이다. 결국 사기꾼이 되지 않으려면, 그 거짓말 속의 내가 되어야 한다.

열정을 불태우며 끝까지 달려라. 실패에 빠지더라도 자존감을 잃지 마라. 원대한 목표를 정하고 반드시 이룬다는 확신을 가져라. 나 자신을 믿고 근성으로 버텨나간다면, 반드시 성공할 수 있다.

2021년 2월 14일

2018년에 네이버웹툰 정상 탈환 직전
불의의 사건을 당한 후
이제 다시 불을 지피고 있다.
이번엔 네이버웹툰 정복 정도의
시시한(?) 계획이 아니라,
전 세계 글로벌 웹툰 시장에서도
한번 부딪혀볼 수 있는
초대작을 미친 듯이 준비하고 있다.

너덜너덜 세상에 짓밟힌 깡과 악을 품은
극화 작가가 한을 품고 덤벼들면
어떤 작품이 나오는지
만화계 모든 선배와 후배,
독자들에게 보여주겠다!

.

『인간대전』의 콘셉트 샷

내 작품의 주인공은 언제나 태어날 때부터 절망적인 상황을 마주해야 한다. 그리고 그 하나하나의 절망들을 눈물과 함께 씹어 삼키면서 근성을 불태워야 한다. 세월이 흐른 후 마침내는 열망을 이루어 내고, 세상을 향해 해냈다는 짧지만 강한 심장의 울림을 토해내야 한다.

이 얼마나 아름답고 멋진 인생 이야기인가! 결국, 모두가 언젠간 죽는 현실에서 인간이라는 생명체가 그 마지막 목표를 기어코 이루어 내고 죽어가는 인생이, 삶의 완성을 마침내 이루어 낸다는 것이!

죽음을 초월해 진정한 삶의 마침표를 찍는 것은 얼마나 멋진 인생인가?! 현실이 절망적일수록 좋다. 이루어 냈다는 마지막 도파민, 아드레날린은 절망적일수록 극강으로 뿜어져 나와 대폭발할 테니까. 죽음 따위도 찍어 누를 수 있는 충만함을 느끼고서 말이다.

삶에 지쳐 누군가 찾아와 자신의 고통을 얘기할 때, 내가 항상 하는 조언은 별거 없다.

"정신 차려, 이 새끼야!"

나는 오히려 쌍욕으로 정신이 번쩍 들도록 한다. 누군가에게 조언을 얻으러 찾아갔다는 것부터 맛이 갔다는 거다.

인생은 자기 멋대로 사는 거다. 어차피 외로운 건 누구나 다 똑같다. 똑같이 외로운 인간에게 무슨 개뼈다귀 같은 조언을 받고, 힘을 얻나? 인간사 겪는 고통은 다 비슷하다. 지병, 가족 간 불화, 사업 실패 등 온갖 고통이 우리를 기다린다. 인간은 혼란스러울 때 눈빛부터 맛이 간다. 늙어 갈수록 날카로운 스틸레토, 송곳 같은 눈빛을 잃지 않아야 한다.

내가 가장 깊은 감동에 빠졌던 순간은 예전에 갓 태어난 내 새끼가 손가락을 입에 물려주니 눈도 못 뜨면서 엄청난 힘으로 쭉쭉 젖인 줄 알고 빨아대던 상황에서였다.

기필코 살아남겠다는 핏덩어리의 엄청난 본능!

우린 그렇게 살아가야 하고, 살아남아야 한다!

젖 먹던, 젖 빨던 힘까지 모두 폭발시키면서 말이다!

"근성!!!"

2021년 3월 25일

『돌아온 럭키짱』 중에서

이 글은 내가 완전히 창작한 것은 아니다.
누군가 다른 의미로 써 놓은 글을
내 식대로 바꿔본 것이었다.
의외로 팬 중에 이 글을 자신의 신조로 삼으며
정신을 가다듬는 사람이 많다.
이 글이 그들에게 힘이 되어 세상을 살아가는
근성을 발휘하도록 했다면 그것으로 만족한다.
나도 자주 되새기는 글이다.

남자의 근성

명대사 열전

"애로사항이 꽃필 것이다!"

군대에서 선임들한테 빠따 맞기 전에 한 돌아이(?) 같은 고참이 늘 내뱉던 외침에서 가져왔다. 원산폭격으로 머리 박고 있는 장면에 참 잘 어울리는 절묘한 표현이라 생각해서 『럭키짱』에 삽입했다.

"대인배"

이 단어는 고교 때 단짝이었던 안병만이라는 친구가 쓰던 말이다. 그놈은 나를 소인배로 몰며, 자기는 '대인배'라고 늘 거드름을 부렸다. 그래서 나도 원래 있는 말인 줄 알았다. 그렇게 『럭키짱』 대사 중에 넣었는데 유명해졌다. 나중에야 사전에도 없는 단어라는 걸 알게 되었다.
세상엔 이렇게 우연한 일도 많다. 어쨌든 명대사를 만들게 해준 친구에게 감사 인사를 해야겠다.

"고맙다, 병만아. 못 만난 지 20년도 넘었구나. 혹시 이 글 보게 되면 연락 좀 다오.
　　　　　　　　　　　　-소인배, 성모가."

"더 이상의 자세한 설명은 생략한다."

이 대사는 『대털』에 등장한다.
'적외선 굴절기'라는 걸 만드는 법을 설명하는 장면에 등장하는 대사다. 쭉 적어나가다가 문득 이렇게 도둑 기술 정보를 까발리면 악용되지는 않을까, 싶어 중간에 끊었다. 길게 고심도 하지 않고 마땅히 넣을 그림이 없어 주인공의 얼굴을 그려 넣으면서 함께 쓴 것이다.
원래 스토리 콘티 초안에는 아예 없었다.

"이때는 대략 정신이 멍해진다."

2001년도 〈일간 스포츠〉에서 연재하던 『대털』에 나온 컷.
이때 이후로 '대략난감'이라는 유행어가 만들어졌다. 단행본으로 묶어 나올 땐 교정보는 직원이 마음대로 대사를 바꿔놔서 오직 신문 연재분에서만 볼 수 있는 컷이다.
"더 이상의 자세한 설명은 생략한다"와 함께 널리 퍼진 유행어인데, 『대털』에 나왔다는 건 의외로 사람들이 잘 알지 못한다.

"내가 무릎을 꿇었던 건 추진력을 얻기 위함이었다."

이것이야말로 순수 창작이다. 상대방을 가장 방심하게 하고 역습을 가하는 것이 뭘까, 하고 고심하다가 만든 장면!
『대털 2.0』에 나온 컷이다.

| 발 행 일 | 초판 1쇄 2022년 04월 29일 |

지 은 이	김성모
사진 그림	김성모 만화스튜디오
펴 낸 이	정형일

책임편집	최민석
편집 교정	피비미디어콘텐츠 편집팀
디 자 인	피비미디어콘텐츠 디자인팀

| 펴 낸 곳 | 피제이로 |
| 출판등록 | 2022년 01월 07일 |

| 이 메 일 | pbcontents0707@gmail.com |
| 인스타그램 | @phoebe_small_bookshelf |

· 이 책은 저작권법에 의하여 보호를 받는 저작물이므로 무단 전재와 복제를 금합니다.
· 파본이나 잘못된 책은 구입하신 곳에서 바꿔드립니다.